Network Marketing 지침서
네트워크마케팅 가이드북

네트워크마케팅 가이드북

초판 1쇄 인쇄일 / 2020 1월
초판 1쇄 발행일 / 2020 1월

펴낸곳 아트메이커 편집실
주 소 서울시 서초구 서초동 1687-2 중앙서초프라자 309호
전 화 02-3477-4271
팩 스 02-3477-4275

E-mail : wnn123@daum.net
ISBN : 978-89-97654-06-2

본 책은 저작권법에 따라 무단 전재 및 배포할 수 없습니다.

Network Marketing 지침서

네트워크마케팅 가이드북

우리는 항상 선택의 기로에 서있다.
도태 될 것인가? 아니면 새롭게 도전의 꿈을 펼칠 것인가?
선택은 여러분이 하는 것이다.
성공의 문을 열수 있는 용기가 필요하다.

ART MAKER
BUSINESS PARTNER

네트워크 마케팅 사업을 위한 제언

| 서문 |

'앞으로 어떤 일을 하고 살 것인가?'
'지금 하는 일이 4차 산업혁명에 관련하여 안전한 직업인가?'
'다른 일을 시작하려 할 때 그에 대한 전문 지식이 충분한가?'
직업을 고를 때 생각해 봤던 이야기 들이다. 직업 선택 시 고려할 사항들이 많고 광범위하며 항상 새로운 분야에 도전해야 하는 것이 우리의 숙명이다.

지금은 4차 산업혁명으로 인한 기존의 직장이나 직업이 사라질 위험이 있는 시대이다.

우리는 항상 선택의 기로에 서있다. 도태 될 것인가? 아니면 새롭게 도전의 꿈을 펼칠 것인가? 선택은 여러분이 하는 것이다. 성공의 문을 열수 있는 용기가 필요하다.

누구나 어린 시절부터 꿈을 가지고 있었다. 어떤 이는 대통령 어떤 사람은 부자를 꿈꾸었지만 둘러보면 당장 꿈을 실현한 사람은 그리 많지 않다. 방법을 알면서도 현실적으로 돌아보고 포기하며 경제적인 상황을 고려해서 그 꿈을 포기하며 살아 간다. 이제 더 나은 미래를 위해 나아가야 한다. 우리가 알고 있는 새로운 기회는 기다리면 오지 않는다. 새로운 기회는 결코 우연히 찾아오는 게 아니다. 준비 된 자만이 성공을 향해 움직일 것이고 성공을 찾기 마련이다. 성공은 기회가 찾아왔을 때 그것을 잡는 사람의 몫이다.

우리는 그 기회를 잡기 위하여 네트워크 마케팅 사업에 대해 알아보고자 한다.

네트워크 마케팅사업은 이미 선진국에서 검증 받은 사업이다. 선진국에서는 네트워크 마케팅 사업이 중산층과 부유층을 탄생 시킨 사업으로 자리를 잡고 있다.

네트워크 마케팅 사업으로 부자가 된 사람들은 한 가지 문제 점을 지적한다. 무자본으로 쉽게 시작 할 수 있지만 쉽게 그만 두는 사람도 많다는 것이다. 왜 성공하는 사람이 있는 반면 실패하고 도태 되는지에 관해 많은 사람들은 생각 한다. 우리가 살고 있는 사회의 성공한 사람들은 '운이 좋아서 성공했다.' '시대의 흐름을 잘 파악했다.' 또는 '부모의 덕으로 성공했다.' 등등 다양한 성공 요인이 있다고 생각하는 것이다.

인터넷이 발달된 지금 유튜브나 각종 포털 사이트를 활용하여 성공에 대한 키워드로 검색만해도 OO의 성공 스토리, OO의 극복 스토리 등등 지금 시대에 성공자의 대한 스토리를 많이 찾아 볼 수 있다.

과거와는 다르게 많은 정보를 통해 성공하는 공식을 알 수 있고 찾아볼 수 있게 되었다. 하지만 이러한 정보들을 가지고 있어도 정확하게 이해하지 못하고 실천하지 않아 성공으로 가는 길에 이르지 못하고 있다.

미국의 투자가이자 기업가인 워렌 버핏은 성공하고 싶어하는 사람들의 질문에 이렇게 조언했다.

'성공을 원하면 당신보다 잘난 사람들과 어울려라.' 라고 이야기를 했다. 무슨 뜻일까?

성공한 사람들과 어울리게 되면 그들이 성공을 위해 해왔던 습관, 그리고 남들과 똑같이 24시간을 사용하는 시간의 활용법을 배울 수 있게 된다는 말일 것이다.

'실패하는 사람들끼리 모여 또 다른 실패를 만들고 언제나 되풀이한다'고, 여러분의 주변을 돌아보면 성공자가 보이는가? 보이지 않는다면 그건 여러분들이 아직 성공하지 못한 사람들과 어울려 살고 있기 때문이다. 우린 꿈에서 깨어나야 한다.

약 1조원의 가치로 평가되는 JYP엔터테인먼트를 만든 가수 박진영을 알고 있는가? 한 TV예능 프로그램에 박진영의 시간표를 공개한적이 있었는데 박진영은 자신의 시간표를 하나 하나 설명하면서 이렇게 말했다.

'시간은 제한적이다. 돈을 쓸 때 얼마인지 생각을 안 하고 쓰는 것과 얼마 없을 때랑 다르다. 시간이 나한테 그런 개념이다.' 라고 말했다.

그는 아침식사를 안하고 필요한 영양만 섭취하며 9시에 체조와 운동을 시작한다. 매일 매주 매월 그리고 매년 20년 동안 시간표를 만들어두고 그 시간표 대로 박진영은 움직여 왔다고 한다. 하루도 빠짐없이 당신도 20년 동안 똑같은 시간표를 가지고 습관을 만들고 이렇게 할 수 있나?

앞서 이야기한 박진영의 대한 이야기를 잘 생각해보길 바란다. 우리는 대부분의 시간을 친구를 만나는데, 또는 노는 시간 등등 불필요한 시간에 사용되는 걸 잘 알고 있을 것이다. 물론 친구를 만나고 노는 시간이 나쁘다는 이야기가 아니다. 친구도 만나고 스트레스도 풀어야 한다.

하지만 그것이 지속되고 습관처럼 자주 일어나서는 안 된다는 것이다. 이것은 당신이 무분별한 일과 행동을 하고 그런 습관들을 인지하지 못하게 되어, 성공으로 가는 길을 멀리 돌아서 가는 일이라고 말해주고 싶다.

시간은 제한적이고 시간은 금과 같다. 남들과 똑같은 24시간을 쓰는 우리에게 다른 이들과 똑같이 사용할지 성공자들처럼 다르게 사용해야 할지는 당신의 선택에 달려있다.

Network Marketing 지침서
네트워크마케팅 가이드북

목차

| 서문 |

제 1장 | 기회의 사업! 네트워크 마케팅

1. 선택의 연속 ·16
2. 이미 진행중인 4차 산업혁명 ·17
3. 4차 산업혁명 시대를 이끌어갈 직업 ·20
4. 최근 소비트렌드 ·21
5. '네트워커' 란? ·24
6. 네트워크 마케팅의 장점 ·28
7. 네트워크 마케팅의 성공비밀 ·33
8. 왜 네트워크 마케팅을 해야 할까? ·35

제 2장 | 10 core? 네트워크 마케팅의 10가지 성공 공식

10 core?
1. 체력 단련 (Exercises) ·41
2. 매일 30분 책 읽기 ·43
3. 동영상 및 음원 듣고 보기 ·48
4. 미팅(제품교육, 리더십 미팅, 시스템 미팅) 참여하기 ·51
5. 모든 제품 100% 애용하기 ·56

6. 소비자 클럽 만들기 · 58
7. 사업설명 (Show The Plan) · 62
8. 상담하기 · 68
9. 신뢰 쌓기 (좋은 인간관계 구축) · 71
10. Smart Communication · 73

제 3장 | 네트워크 마케팅 프로세스

1. 사업 시작하기 (Getting Started) · 80
2. 꿈 가꾸기 (Dream Building) · 87
3. 목표 세우기 (Goal Setting) · 91
4. 명단 작성 (List Building) · 97
5. 만남과 초대 (Contact and Invite) · 103
6. 사업설명 (Show The Plan) · 108
7. 지속적인 지원 (Follow Up & Follow Through) · 124
8. 사업 키우기 (Creating Volume) · 132
9. 의사 소통 방법 (Communications) · 135
10. 자세와 자기이미지 (Attitude & Self-Image) · 138

네트워크 마케팅 사업을 위한 제언

네트워크 마케팅 사업을 위한 제언 · 144

제 1장

기회의 사업! 네트워크 마케팅

---

1. 선택의 연속
2. 이미 진행중인 4차 산업혁명
3. 4차 산업혁명 시대를 이끌어 갈 직업
4. 최근 소비트렌드
5. '네트워커' 란?
6. 네트워크 마케팅의 장점
7. 네트워크 마케팅의 성공비밀
8. 왜 네트워크 마케팅을 해야 할까?

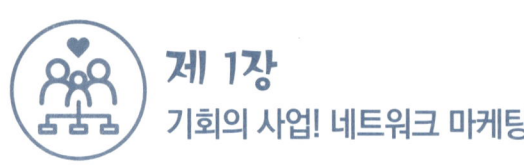

제 1장
기회의 사업! 네트워크 마케팅

1. 선택의 연속

어떤 일이든지 시작하기 전에 사전에 알아보아야 한다. 어떻게 진행되는지 어떻게 일을 시작하는지 말이다. 태어나서 사물을 인지하고 혼자서 생각을 하며 사리분별을 할 수 있을 때부터 우리는 계속하여 선택을 하며, 죽어서 땅에 묻히기까지 선택을 한다.

미리 알아야 할 것이 있다. 성공의 지름길은 없다. 있다고 한들 그 지름길은 자기관리라고 생각한다. 선택의 연속도 자기관리고 자기관리도 사실 선택이다. 다이어트를 처음 시작하거나 다이어트를 해야 하는 당신이라면 운동이 좋아서 할까? 이런 경우는 살이 예전보다 많이 쪄서 다이어트를 해야 하기에 선택을 한 것이다. 또는 생활하기 불편하거나 몸이 나빠지는 게 느껴질 때 건강을 유지하고자 할 때 선택을 한다.

맛있는 음식을 포기하고 샐러드를 선택하고, 회식을 피하고 집에 돌아와서 휴식이나 운동을 선택 한다.

선택의 순간을 살아가는 우리는 첫 단추를 잘 꿰어야 한다. 각자가 잘 할 수 있는 일은 다르다.

내가 잘 할 수 있고 성공 가능성이 높은 일을 선택 해야만 한다.

첫 단추를 잘 꿰어야 한다는 말은 '끈이나 실 따위를 구멍이나 틈의 한쪽에 넣어 다른 쪽으로 나가게 하다' 라는 뜻을 지닌다. '구슬이 서 말이라도 꿰어야 보배'라는 말이나 '앵두 따다 실에 꿰어 목에다 걸고'라는 노래 가사처럼 어떤 물건을 끈 같은데 엮어서 연결할 때 쓰는 말이다.

즉 어떤 일의 시작이나 첫 출발을 비유하는 말로써 첫 시작이 좋아야 이후에 일어날 일도 잘 된다는 말이다.

누구나 수많은 역경과 고난을 만나게 된다. 그 역경을 극복하고 이겨낼 방법을 생각 할 수 있는 존재이기도 한 우리는 보다 나은 삶을 위해 비교해보고 고민해서 선택을 한다. 즉 인생에서 올바른 선택이야 말로 성공으로 갈 수 있는 길을 만들어준다.

2. 이미 진행중인 4차 산업혁명

인공지능(AI), 사물인터넷(IoT), 로봇기술, 드론, 자율주행차, 가상현실(VR)등이 주도하는 차세대 산업혁명을 말하는 4차 산업혁명이라는 단어는 2016년 6월 스위스에서 열린 다보스포럼(Davos Forum)에서 처음 등장하였다. 4차 산업혁명은 기계화로 대표되는 1차 산업혁명, 전기를 이용한 대량생산을 가능하게 한 2차 산업혁명, 컴퓨터 정보화 자동화 생산시스템이 주도한 3차 산업혁명에 이어 로봇이나 인공지능(AI)을 통해 실제와 가상이 통합되어 사물을 자동적/지능적으로 제어할 수 있는 산업상의 변화를 말한다.

그렇다면 4차 산업혁명은 최근 일자리 부족으로 허덕이는 우리에게 어떤 영향을 미치게 될까? 과연 4차 산업혁명은 일자리를 창출할까? 아니면 그나마 남아 있는 일자리마저 잠식할까? 불확실한 상황에서 사람들은 기대 반, 우려 반 속에서 밀려드는 4차 산업혁명의 여파를 주시하고 있다.

우리는 이미 4차 산업혁명 시대를 살아가고 있다. 시대의 변화라는 것이 항상 지나고 난 뒤에야 '아, 그랬구나'하고 깨닫기 일쑤인지라 체감하지 못하는 사람이 많지만, 4차 산업혁명은 벌써 진행 중이다.

예를 들면, 많은 사람들이 기억하는 알파고(AlphaGo)와 바둑기사 이세돌의 대결은 단순한 게임에 불과한 것이 아니다. 그것은 우리가 이미 4차 산업혁명 시대를 살고 있음을 단적으로 보여주는 사례이다. 세상과 동떨어져 정신세계만 추구하는 사람이 아니라 매일매일 손 안에 인터넷을 쥐고 사는 현대인이라면 이러한 변화에 주목해야만 한다.

초스피드, 광 네트워크가 주요 특징인 4차 산업혁명은 지금까지 우리가 한 번도 경험해본 적 없는 신세계를 열어 줄 것이다. 그 중에서도 인공지능은 우리의 생활에 엄청난 변화를 몰고 올 전망이다.

따라서 우리는 4차 산업혁명의 장점과 단점을 정확히 이해하고 미래를 스스로 개척할 수 있도록 대비해야 한다.

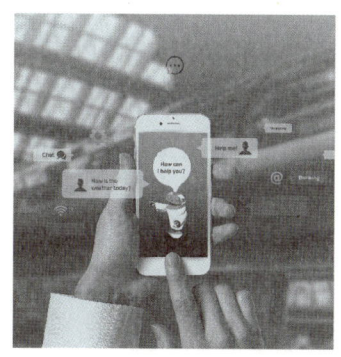

아침에 눈을 뜨면 인간의 기분에 맞춰 음악을 내보내고, 조명과 커튼 역시 알아서 조절된다. 인공지능이 인간과 대화를 나누고, 인간의 심리상태나 필요로 하는 것을 파악해 도움이 될 정보를 제공하고, 집에 들어가기 전이나 집을 나선 후 모바일로 집의 환경을 컨트롤하는 것은 이미 실현되고 있다. 앞으로는 인공지능의 혜택으로 더욱더 생활이 편리하고 윤택해질 것이다. 그렇다고 모두가 행복해지는 것은 아니다. 첨단과학과 기술의 혜택으로 삶은 윤택해지지만 그것을 받아들일 준비를 하지 못한 사람에게는 그저 그림의 떡에 불과할 것이다. 단지 소수만 누리는 특권으로 전락할 수도 있다.

4차 산업혁명의 혜택을 온전히 누리려면 시대를 이해하는 것에 그치지 않고 혜택을 누릴 조건을 갖춰야 한다. 그 첫 번째 조건이 바로 '돈'이다. 돈이 있어야 스마트 하우스를 구입하고 무인자동차의 혜택을 볼 수 있을 것이다.

돈을 벌려면 어떤 직업에 종사해야 할까? 물론 당장은 지금 하고 있는 일에 충실해야 할 것이다. 그러나 빛의 속도로 달라지는 4차 산업혁명 시대에 현재에만 머무는 것은 망망대해에 표류하는 것이나 다를게 없을 것이다.

3. 4차 산업혁명 시대를 이끌어 갈 직업

4차 산업혁명의 대표적인 키워드는 인공지능, 사물인터넷, 3D 프린터이다. 당연히 4차 산업혁명 시대의 직업은 이들의 영향을 깊이 받을 수밖에 없다.

그렇다면 4차 산업혁명 시대의 직업은 어떤 특징을 보일까?
1. 기업들이 작업 경쟁력을 높이기 위해 로봇을 활용한 자동화를 더욱 적극적으로 도입한다.
2. 기술 개발 속도가 빨라지면서 거기에 부응해 전문가들의 수요가 늘어난다.
3. 풍부한 인간적 감성을 터치하는 직업이 인기를 얻는다.
4. 오직 사람만이 할 수 있는 직업은 계속적으로 수요가 따른다.

공장에서 자동화 시스템을 도입하기 때문에 많은 근로자가 필요 없을 것이다. 인공지능과 첨단기술을 다루는 전문가들의 수요는 늘어날 것이고, 모든 것의 중심을 차지하는 가상 중요한 손재인 인간의 감정을 다루는 직업은 여전히 강세를 보일 것이다.
또한 사람과 사람이 만나 비즈니스를 구축하는 일은 오직 사람만이 할 수 있기에 4차 산업혁명 시대에도 변함없이 번창할 것이다. 예를 들어 마케팅 전문가나 '네트워커'는 시대가 변해도 오직 사람만 할 수 있는 직업이다. 사람과 사람이 만나 일이 성사되고 수익이 발생하기 때문이다. 이러한 직업은 인공지능이나 로봇이 대신할 수 없으므로 영원히 남아 있을 전망이다.
그 대표적인 직업이 바로 네트워크 마케팅 사업자를 의미하는 '네트워커'이다. '네트워커'는 철저히 사람을 중심으로 사업을 전개해 사람에게 널리 혜택을 안겨주는 일을 한다.

4. 최근 소비트렌드

요즘 소비의 트렌드는 어떤 것이 있을까?
심리적 만족에 초점을 두는 요즘의 소비 트렌드를 알아보자.

첫 번째는 '한 번 뿐인 인생을 즐겨라'로 요약되는 '욜로(YOLO)' 열풍에 이어, 특별한 소비가 늘어나고 있다.
이에 따라 개인의 심리적 만족도를 채우는 '가심비' 제품의 인기가 앞으로는 더욱 두드러질 것으로 전망된다.

그렇다면 '가심비'는 무엇인가?
'가심비'란? '가격대비 마음(心)의 비율'을 일컫는 신조어이다. 서울대 소비트렌드 분석센터가 전망한 올해 소비트렌드 중 하나로 비용을 지불할때 심리적 만족도를 중시 한다는 의미를 담고 있다.
'가성비'라 부르며 가격과 성능만을 고려했던 기존의 소비 패턴에서 한 단계 더 업그레이드된 개념으로 볼 수 있다.

'가심비'는 2017년 하반기부터 가성비 언급량을 넘어서며 중요한 소비판단 기준으로 자리잡고 있다. '가심비'가 새로운 소비트렌드로 부상한 데에는 1인 가구의 증가와 함께 등장한 '욜로(YOLO)' 기반의 가치소비가 확산되고 있기 때문이다.

또한 지난해 불거졌던 살충제 계란 파동, 발암물질이 포함된 생리대 논란 등으로 안심하고 믿을 수 있는 제품을 찾는 소비자들이 크게 증가한 것도 한 몫하고 있다.

이것은 유해환경으로부터 스스로를 보호하려는 소비 '구미(求ME)소비'이다. 스스로를 구하는 소비로 화학 성분과, 앞서 말한 살충제 계란 파동, 발암물질이 포함된 생리대 같은 유해한 물질들을 피하기 위한 소비를 말한다. 이러한 '구미(求ME)소비'가 확산되어 뷰티 시장에 영향을 끼쳤다. 환경 문제로 인해 외부 자극이 커짐에 따라 화학 성분이 들어간 제품을 거부하는 사람들을 일컫는 이른바 '노케미(No chemi)족이 등장하고 있고 화학성분이 거의 안 들어가거나 아예 안 들어간 유기농 원료를 사용한 제품들이 인기를 몰고 있다.

즉 상대적으로 많은 비용을 지불하더라도 구입했을 때 만족하고 안심할 수 있는 제품에 구매의사 결정이 이뤄진다는 뜻이다.

이러한 상황에 따라 나를 구하는 소비로 환경에 대한 트렌드는 더 강화되고 나를 위한 소비가 늘어나고 있다.

전미영 서울대 소비자학과 교수는 "우리 사회의 가치가 성취주의에서 향유주의로 이동하며 크고 멀리 있는 행복보다 작고 가까운 곳에서 만족을 찾으려는 심리가 소확행적 소비로 이어지고 있다"

며 "지난해 '욜로 열풍'이 다소 소비지향적으로 흘렀다면 '소확행'소비는 물질보다 정서적 안정을 중요시하는 방향으로 좀 더 선진국형 소비에 가까워질 것으로 본다"고 말했다.

100세까지 살아야 하는데 돈은 한정되어있고 오래 써야 하니까 꼭 필요한 곳에만 쓴다. 선택적 소비를 하는 것이다. 건강과 미용 분야의 산업은 현재 성장 중에 있다. 최대한 아름답고 건강하게 살아야 한다.
앞서 말했던 '가심비' 소비 그리고 나를 구하는 '구미소비'로 환경에 대한 트렌드는 더 강화되고 나를 위한 소비가 늘어나고 있다.

두 번째는 가격 대비 가성비라는 말을 쓴다. 가격은 저렴하지만 성능은 좋아야 한다. 내가 사는 환경도 생각해야 하고 자손에게 물려줄 지구를 깨끗하게 하는 친환경 제품을 선호한다. 마지막으로는 같이 쓰는 것이다. 차도 같이 타고 집도 같이 살고 소유가 아니라 공유의 개념이 발달되게 되었다.
이 모든 트렌드에 맞춰서 네트워크 마케팅 비즈니스는 발전하고 있다. 요즘 네트워크 마케팅 회사는 거의 플랫폼 작업을 하고 있다. 이 네트워크 마케팅 비즈니스는 간단하다. 미팅, 사업설명, 제품 설명 외에는 없다. 누구든지 흥미를 가지고 부담 없이 네트워크 마케팅 비즈니스를 접할 수 있도록 플랫폼화 하고 있다. 네트워크를 구축하는 것은 개인의 역량이다.

자본주의 시대에 인간의 본능 중에 큰 특징이라 하면 소비하는 것을 꼽을 수 있다. 인간이 가진 능력 중에 탁월한 능력은 잘 골라서 "사는" 능력이 있다. 해외 직구도 요즘 쉽게 할 수 있고 가격 비교도 일일이 하지 않아도 알아서 해준다. 네트워크 마케팅 비즈니스는 잘 쓰는 능력 잘 사는 방법을 알려주는 일이다.

5. '네트워커'란?

1) 시대의 변화를 선도하는 네트워크 마케팅

많은 경제학자와 미래학자가 네트워크 마케팅을 새로운 유통 방식이자 모두가 주목해야 할 사업으로 인식하고 있다.

쉽게 검색이 가능한 경제용어인 '네트워크 마케팅'의 정의를 살펴보면 다음과 같다.

"네트워크 마케팅은 기존의 중간 유통 단계를 배제해 유통 마진을 줄이고 판피비, 광고비, 샘플비 등 여러 가지 비용을 없앤 유통 시스템이다. 덕분에 회사는 소비자에게 제품을 싼값에 직접 공급하고 회사 수익의 일부를 소비자에게 환원한다. 이러한 네트워크 마케팅은 프로 세일즈맨이 아니라 보통사람이 하는 사업이다"

쉽게 말해 네트워크 마케팅에서는 지금까지 소비만 하던 소비자가 제품력이 뛰어난 소비재를 생산자(네트워크 마케팅 회사)와 직거래로 사용해 보고, 그 훌륭한 제품력을 구전(입소문)으로 주변 사람들에게 전달한다. 그러면 네트워크 마케팅 회사는 그 대가로 소비자에 현금 캐시백을 제공한다. 한마디로 네트워크 마케팅은 기존의 유통과 개념이 전혀 다른 신유통 방식이라 할 수 있다.

오늘날 첨단 기술과 교통, 통신 그리고 인터넷의 발달로 유통 구조는 점점 단순화하고 있다. 무엇보다 사람들이 복잡한 유통 단계의 폐해를 절감하면서 생산자와 소비자 사이에 직거래가 활성화되고 있다. 더구나 수요보다 공급이 넘쳐나는 시절이다 보니 기업은 매출 증대를 위해 회원제 방식을 채택하는 경우가 많다. 소비자 회원에게 제품을 보다 저렴하게 공급하고 캐시백을 지급해 재구매를 유도함으로써 매출 상승을 꾀하는 것이다.

결국 더 좋은 제품을 더 싸게 구입하길 원하는 소비자들이 자연스럽게 직거래 유통과 캐시백을 선호하면서 소비자 주도형 유통 방식이 자리 잡기 시작했다.

세계적인 경제학자 앨빈토플러는 1980년대에 출판한 '부의 미래'에서 네트워크 마케팅의 주체인 '프로슈머(Prosumer)'에 관해 처음 언급했다. 프로슈머는 생산자(Producer)와 소비자(Consumer)를 합성한 말로, 이것은 소비자가 소비를 비롯해 제품 개발과 유통 과정에까지 참여하는 '생산적 소비자'로 거듭나는 것을 의미한다.

이 이야기는 우리가 잘 인식하지 못하고 있지만 프로슈머 형태는 현재 우리의 생활 깊숙히 들어와 있고, 프로슈머의 의미를 알아본 이유는 네트워크 마케팅 사업의 주체가 바로 프로슈머이기 때문이다. 예를 들어 대기업이 활용하는 휴대전화 체험단은 생산형 프로슈머이고, 네트워크 마케팅 회사와 제휴를 맺고 입소문으로 캐시백을 받는 사람은 유통형 프로슈머이다. 또 신용카드를 사용하고 현금에 준하는 포인트를 받는 사람은 소비형 프로슈머이다.

유통형 프로슈머가 바로 우리가 일반적으로 생각하는 '네트워커' 이다.

2) '네트워커'라는 직업

네트워크 마케팅 사업에 대체 어떤 이점이 있기에 그 사업이 지금까지 승승장구하며 기반을 닦아온 것일까? 왜 그토록 많은 사람들이 네트워커를 직업으로 선택하는 것일까?

사람이 생명활동과 사회활동을 이어가는데 돈은 필수적인 조건이다. 그 조건을 충족시키기 위해 대다수 인구는 직업을 갖고 살아가고, 그 직업을 통해 돈을 벌어 안정적인 생활을 할 수 있다고 생각하고 자기 삶의 대부분을 직업에 투자하고 있다.

그런데 이제 4차 산업혁명 시대를 맞이해 우리 시대의 직업이 난관에 부딪혔다. 지금까지 많은 직업이 생겨나고 사라지기를 반복해 왔는데 21세기의 4차 산업혁명은 그 변화를 더욱 두드러지게 실감할 수 있다. 많은 사람들은 똑같은 시간을 투자해 더 많은 돈을 벌고 오랫동안 안정적으로 일할 수 있는 직업을 원하고 있다. 과연 그런 직업이 있을까? 바로 '네트워커'이다.

4차 산업혁명 시대를 맞이해 개인이 오랫동안 안정적으로 큰돈을 벌 수 있는 일 중 하나가 바로 네트워크 마케팅 사업이다.

네트워크 마케팅 사업은 어떤 특징이 있을까?

1. 오직 사람만이 할 수 있는 일이다.

네트워크 마케팅 사업은 시스템 자체가 사람의 소비를 다루고 그 속에서 사람들이 재화를 창출하는 일이다. 사람이 생필품을 더 싸고 효과적으로 사용하도록 하는 데 사람의 감정을 활용하고, 그 대가로 돈을 버는 시스템이다. 많은 네트워크 마케팅 회사의 보상플랜이 개인이 구축한 인적 네트워크의 규모에 따라 소득 비율을 달리하고 있다. 그리고 대개는 네트워크 마케팅 회사가 제품 개발까지만 책임지고 마케팅과 판매는 개인에게 위임해 서로 Win-Win 하는 시스템을 갖추고 있다. 결국 네트워크 마케팅 사업에는 사람이 반드시 필요하다.

2. 환경에 크게 영향을 받지 않는 단순한 시스템이다.

현실에서는 소규모 점포를 하나 운영해도 신경 쓸 일이 정말 많다. 이보다 더 큰 사업체를 운영하면 밤잠을 설치기 일쑤이다. 한국 경제가 저성장 사이클에 들어 있는 데다 갈수록 경쟁이 치열해지면서 하루하루가 전쟁이기 때문이다.

반면 네트워크 마케팅 사업은 큰 변수 없이 안정적인 사업 환경을 제공한다. 그뿐 아니라 사업 방식이 매우 단순하다는 장점이 있다. 네트워크 마케팅에서는 회사가 제조 분야의 모든 것을 책임지고 알아서 처리한다. 특히 회원들의 신뢰가 무엇보다 중요하기 때문에 네트워크 마케팅 회사는 만약에 발생할 수 있는 제조 문제를 아예 미연에 방지한다. 유통의 경우 이미 거품을 뺀 직거래라 유통에서 발생하는 문제는 극히 드물다. 이처럼 가장 리스크가 큰 제조와 유통을 네트워크 마케팅 회사가 책임지므로 네트워커는 안심하고 마케팅에만 집중하면 된다.

네트워커들이 심사숙고할 부분은 오로지 '잘 만든 제품을 어떻게 효율적으로 알려 많은 소비자 회원을 모집할 것인가' 하는 것뿐이다. 물론 이것도 선배 네트워커가 만들어놓은 단순한 시스템에 편승하면 되므로 목표 달성이 용이하다.

3. 비전이 큰 사업이다.

비전은 단지 소득의 크기로만 결정되는 것이 아니다. 비전은 소득의 확장성뿐 아니라 앞으로의 발전 가능성과 개인적인 성취까지 담아내야 한다. 이러한 비전을 고려한다면 반드시 네트워크 마케팅 사업을 검토해보기 바란다.

네트워크 마케팅 사업에는 소득의 무한확장은 물론 현재의 삶을 윤택하게 하고 후세에게도 커다란 혜택을 줄 기회와 가능성이 풍부하게 존재한다.

6. 네트워크 마케팅의 장점

이미 알고 있듯이 네트워크 마케팅은 아주 매력적인 사업이다. 무엇보다 네트워크 마케팅 사업에는 무한한 가능성과 비전이 공존하기 때문에 누구나 인생을 바꿀 기회를 누릴 수 있다.

1) 인생을 변화시키는 교육 프로그램이 있다.

네트워크 마케팅 사업의 교육 시스템은 판매 교육이 아니며 교육 주체도 프로 세일즈맨이 아니다. 교육의 주요 내용은 네트워크 마케팅 사업을 이해하고 자기 자신을 변화시켜 인생을 바꾸도록 만드는 데 집중한다. 그래서 네트워크 마케팅 사업의 성공자들은 교육에 집중할 것을 권한다.

교육을 담당하는 강사들은 대부분 리더들이다. 여기서 리더란 자신이 먼저 교육에 집중하는 한편 경험을 쌓아 전문가가 된 사람을 말한다. 이들은 대개 사업 경험을 토대로 강의를 하기 때문에 교육 내용이 현실적이고 생생하게 와 닿으며 때론 감동적이기까지 하다. 이들 전문가의 교육 시스템은 이론적인 일반 교육에 비해 그 수준이 매우 높은 편이다.

네트워크 마케팅 사업의 교육 프로그램에는 누구나 참석할 수 있으며 실제로 많은 사람이 교육을 통해 변화함으로써 새로운 인생을 살아가고 있다. 교육 프로그램에 참석하면 다음과 같은 이점을 누릴 수 있다.

1. 사업을 검토하는 사람은 객관적인 정보와 현실 점검을 할 수 있다.
2. 사업을 준비하는 사람은 전문가의 경험을 듣고 자신감과 비전을 갖게 된다.
3. 사업을 키워가는 사람은 스스로를 점검하고 노하우를 배워 실전에 대입한다.
4. 성공자는 리더로서 모범을 보이고 그룹을 키워가는 동시에 전문가들을 배출한다.

교육 프로그램에 집중하면 누구나 꿈을 찾고 삶의 지혜를 얻으며 인생을 개척하는 리더가 될 수 있다.

2) 적은 비용으로 사업을 구축할 수 있다.

네트워크 마케팅은 시스템 사업이다. 돈을 벌 수 있는 기본 시스템과 제휴를 한다는 것이다.

네트워크 마케팅 회사가 제공하는 시스템을 활용해 자신의 유통망을 만들고 그 유통망을 소유하고, 그 시스템을 통해 안정적이고 지속적인 소득을 창출할 수 있는 것이다.

네트워크 마케팅 회사는 제품 개발과 출시, 재고관리, 세무, 회계, 택배 등의 전반적인 생산 업무를 담당한다. 그리고 판매를 포함한 마케팅은 '네트워커'에게 위임한다. 이처럼 서로 역할 분담을 하여 Win-Win 하는 구조이며 제품이 판매될 때 회사는 생산비와 일정 수익을, '네트워커'는 유통에 따른 수익을 얻는 것이다.

'네트워커'는 생산업무에 관여하거나 재고부담은 떠안지 않기 때문에 비용을 투자할 필요가 없다. 소비자의 입장에서 네트워크 마케팅 회사의 제품을 사용해보고 그 경험을 주변에 알리는 정보 마케터의 역할을 하는 것이다. 제품 정보를 듣고 제품을 사용한 또 다른 소비자는 네트워크 마케팅 회사와 직거래로 제품을 구입해 사용하며 다시 입소문을 내서 수익을 창출한다.

이러한 사업에서 투자되는 비용은 자신이 실제로 사용하는 제품 구입과 약간의 활동비 정도이다. 제품 구입비도 대부분 생활필수품을 구매하는 것이므로 엄밀히 얘기하면 투자라고 보기 어렵다. 결국 가장 많이 투자하는 것은 노하우를 습득하기 위한 '시간'과 '노력'이라 할 수 있다.

네트워크 마케팅 사업은 부업으로 시작할 수 있으며 제품을 사용하면서 스스로를 변화시키고 네트워크 마케팅을 알아가는 시간과 열정 투자가 무엇보다 중요하다. 이 사업은 비용을 투자 하지 않아도 가능한 사업이지만 시간을 투자 하지 않으면 할 수 없는 사업이다.

3) 누구나 집중하면 부자가 될 수 있다.

네트워크 마케팅 사업은 진입 장벽이 낮아 누구나 열심히 노력하면 현금 소득이 아닌 권리 소득을 쌓을 수 있다. 권리 소득이란 말 그대로 권리가 있는 소득으로 이자, 배당금, 인세, 로열티 등을 말한다. 다시 말해 일하지 않아도 돈을 버는 시스템을 통해 꾸준히 들어오는 소득을 말한다.

흔히 '500만원을 모으면 1,000만원을 모으기가 쉽고, 1,000만원을 모으면 2,000만원을 금세 모을수 있다' 라는 말을 많이 한다. 500만원을 모으면 투자할 환경을 만든 셈이다. 최소한 은행에 예치하면 적은 금액이라도 정기적으로 이자가 발생한다. 이때 500만원은 자산이고 그에 대한 이자가 바로 권리 소득이다. 다시 말하면 자산을 만들 경우 소득 발생 시스템이 움직이고 그 시스템에 따라 권리 소득이 발생한다. 그리고 권리 소득이 늘어나면 자산은 더욱더 커진다.

이것이 네트워크 마케팅 사업과 어떤 연관성이 있을까?

자산은 네트워크 마케팅 사업을 시작하는 동시에 만들 수 있다. 바로 네트워크 마케팅 제품을 함께 사용하는 회원이 자산이기 때문이다. 대부분의 네트워크 마케팅 회사에서 내가 제품을 구입할 때는 회원가로 싸게 구입한다. 그리고 내가 모집한 회원이 제품을 구입하면 그 제품가의 일정 부분을 커미션으로 받는다. 내가 구입하는 일은 합리적인 소비이지만, 회원을 모집해 그 회원이 제품을 지속적으로 구입하여 사용한다면 내게 꾸준한 소득이 발생하는 것이다.

네트워크 마케팅은 혼자 일하는 것이 아니라 내가 모집한 회원이 나와 같은 방식으로 신규 회원에게 홍보를 하여 좋은 제품을 구매할 수 있게 하여 회원이 기하급수적으로 늘어날 수 있는 구조이다. 엄청난 숫자의 소비자 네트워크가 만들어 질 수 있는 것이다. 그 소비자들이 제품을 사용하면서 지속적인 소득, 즉 내 권리 소득이 발생하는 것이다.

결국 네트워크 마케팅 사업은 함께 일하고 함께 권리 소득을 벌 수 있는 시스템이다.

다시 설명하면 네트워크 마케팅에서는 내가 모집한 회원이 제품을 구매하면서 소득이 발생한다. 즉, 회원이 회원을 모집하고 그 회원이 또 다른 회원을 모집하면서 모두가 소득이 발생하는 구조이다. 본래 권리 소득은 자산을 갖고 있는 사람만 누리던 특권이었지만, 이제 네트워크 마케팅 사업으로 누구나 권리 소득을 누릴 수 있다.

4) 자율적이다.

네트워크 마케팅 사업은 현재 하는 일과 병행해서 사이드잡, 더블잡으로 사업을 진행할 수 있다. 현재 하고 있는 일을 그대로 진행하면서 네트워크 마케팅 사업으로 미래를 준비할 수 있다. 또한 네트워크 마케팅 사업은 자기 사업이므로 상사의 눈치를 볼 필요도 없고, 타인의 스케줄에 맞춰 일을 할 필요도 없다. 모든 일을 자유롭게 결정하며 스케줄도 마음대로 조정해서 활동할 수 있다.

5) 사업 네트워크를 자녀에게 유산으로 물려줄 수 있다.
네트워크 마케팅 회사마다 약간의 차이는 있지만 사후에 자신의 사업권이 자녀에게 자동 승계되는 것은 커다란 이점이다. 자녀가 처음부터 시작하는 것이 아니라 사업권을 넘겨받아 유리한 상황에서 사업을 진행할 수 있다. 일반 사업체와 마찬가지로 자신이 열심히 구축한 네트워크를 자녀에게 유산으로 물려주는 것은 큰 장점이다.

7. 네트워크 마케팅의 성공비밀

네트워크 마케팅은 매우 놀라운 성공 스토리들을 만들어 왔다.
이러한 사람들에게는 공통점이 있다. 이 공통점이 바로 사업의 장기적인 성공을 이루기 위한 전제 조건들이다.

1) 꿈꾸는 사람들이 성공한다.

보통 사람들이 갖는 비관적이 생각에 갇혀있지 않고 누구나 한 번은 꿈꾸었을 위대한 비전을 찾는다. 새로운 현실에서는 위험일 수 있는 현재의 안전을 선택하지 않고 대중이 위험이라고 생각하는

것을 꿈꾸고 선택하는 사람들이 가치 있는 삶을 누리는 것이다.

2) 일을 열심히 하고 좋아하는 사람들이 성공한다.
성공한 그룹의 사람들은 공짜나 일확천금을 기대하지 않는다. 일로부터 도망치지 않고 항상 즐거운 마음으로 일을 한다. 네트워크 마케팅 전문가가 된다는 것은 도전·성장·모험을 환영하고, 스스로를 돕는 동시에 다른 사람들을 돕는 일을 즐기는 것을 의미한다. 그들은 자기가 하는 일을 좋아한다.

3) 성공한 그룹의 사람들은 좋은 스승이다.
성공한 사람들은 제품을 판매하는 기술보다, 가르치는 기술이 있을 때 가능하다는 사실을 알고 있다. 그들은 많은 사람이 그들의 행동을 복제하게 만든다는 공식대로 행동한다.

4) 배움의 열정을 버리지 않는다.
항상 이제의 나 자신보다 조금이라도 나아진 오늘의 나 자신을 만드는 데 몰두한다. 성공은 다른 사람이 아닌 내 자신이 바뀌어야 가능하기 때문이다.

5) 성공한 그룹의 사람들은 리더다.
타고 난 리더가 아니다. 타인이 그들을 리더의 자리에 올려놓은 것도 아니다. 더 나은 길에 대한 믿음, 다른 사람들에게 도움을 준다는 믿음 그리고 부(富)는 모든 사람의 타고난 권리라는 믿음을 가지고 있기 때문에 리더가 된다.

일반 기업의 규칙은 네트워크 마케팅에는 적용되지 않는다. 다른 사람들과 경쟁하는 것이 아니라, 다른 사람들의 성장을 도움으로써 앞으로 나아간다. 더 많은 사람의 성공을 도울수록 자기 자신도 더 크게 성공한다.

한 명의 회장, 부회장, 사장, 어느 정도의 중간 관리직, 많은 숫자의 하위직이 있는 일반기업과 달리 보상 플랜의 최고 위치에 이르는 사람의 수는 제한하지 않는다.

네트워크 마케팅에서는 누구에게나 더 높은 수준의 성공을 거둘 수 있도록 격려하고 돕는다.

8. 왜 네트워크 마케팅을 해야 할까?

오늘날 미래경제학자들은 다같이 입을 모아 이야기 한다. 지금까지 다양한 분석을 통해 미래의 흐름을 예측하는 미래경제학자들은 네트워크 마케팅이 최고의 기회로 다가올 것이라고 이야기 했다. 네트워크 마케팅은 부를 창조하기 위한 새로운 수단으로 자리 잡고 있고 앞으로도 그럴 것이다.

이미 선진국들은 실제로 실행되고 있고 많은 사업가들은 이를 통하여 수많은 부를 축적하였다. 그 사업이 바로 네트워크 마케팅사업 이다.

네트워크 마케팅으로 성공한 사람들 즉 성공자들은 네트워크 마케팅 사업을 빅 비즈니스, 멋진 비즈니스 라고 일컫는다.

네트워크 마케팅 사업의 특징은 다음과 같다.

1) 전문적인 기술을 요구하지 않으며 누구나 시작 할 수 있는 사업이다.

네트워크 마케팅을 시작하기에는 어떠한 전문적인 기술이나 학력을 요구하지 않는다.

즉 누구나 참여 가능하고 누구나 꿈을 찾아 갈 수 있다는 이야기다.
네트워크 마케팅 사업은 누구에게나 공평한 기회를 준다. 그 공평한 기회와 사람이라면 누구나 24시간을 배정받는다. 누구에게나 똑같이 주어진 시간을 어떻게 활용해 비즈니스 꿈을 키워갈지만 결정하면 된다.

2) 합리적인 시스템

자본력과 기술력을 갖춘 제조업체는 질 좋은 제품을 생산해 온라인 매장에서 저렴한 가격에 판매한다. 이는 더할 나위 없이 좋은 유통 구조이기에 생산자와 소비자를 모두 만족시킬 수 있지만, 그렇다고 해결해야 할 문제가 없는 것은 아니다.

제조업체의 입장에서 가장 많은 이윤을 남기려면 소비자에게 직접 판매하는 것이 좋지만, 판매를 하려면 가급적 많은 사람에게 홍보를 해야 한다. 하지만 이러한 홍보는 많은 비용이 든다. 홍보비용은 고스란히 소비자에게 전가되므로 소비자의 입장에서도 홍보비용은 남의 얘기가 아니다. 네트워크 마케팅 회사는 이탈고객을 막고 단골고객을 확보하기 위하여 행해지는 적립포인트 제도 등의 비용을 절약하는 대신 질 좋고 재 구매율이 높은 제품을 생산하는 데 주력한다. 네트워크 마케팅 회사의 제품을 소비자가 사용해 보고 효과가 좋으면 주변 사람들에게 그것을 소개한다. 그 소개로 매출이 발생할 경우 소비자는 포인트를 받고 그 포인트는 통장에 현금으로 쌓인다. 이처럼 합리적인 시스템이 바로 네트워크 마케팅이다. 네트워크 마케팅의 유통구조를 알면 현명한 소비를 할 수 밖에 없고 그것은 곧 수입으로 이어진다.

제 2장

10 core? 네트워크 마케팅의 10가지 성공 공식

---

10 core?
1. 체력 단련(Exercise)
2. 매일 30분 책 읽기
3. 동영상 및 음원 듣고 보기
4. 미팅(제품교육, 리더십 미팅, 시스템 미팅) 참여하기
5. 모든 제품 100% 애용하기
6. 소비자 클럽 만들기
7. 사업설명 (Share The Plan)
8. 상담하기
9. 신뢰 쌓기(좋은 인간관계 구축)
10. Smart Communication

제 2장
10 core? 네트워크 마케팅의 10가지 성공 공식

10 core? 네트워크 마케팅 사업은 누구나 이 사업을 해야 하는 간절한 이유(Why)를 가지고 꾸준히 하면 목표를 성취할 수 있는 사업이다. 여기에서 '누구나 하면'에 해당되는 것(What)이 10 core다. 즉, 네트워크 마케팅 사업을 한다는 것은 10 core를 실천하는 것이라고 생각하면 된다.

10 core는 네트워크 마케팅 사업으로 성공한 사람들이 매일 꾸준히 하는 중요 10가지로써 누구나 성공할 수 있는 방법이며, 동시에 누구나 이것을 해야만 성공할 수 있는 방법이다. 초기에 관심을 갖고 시작했다가 곧 포기하고 마는 사람들도 있는 이들은 꿈이 작거나 시스템대로 꾸준히 진행하지 않았기 때문이며, 계속해서 꾸준히 10 core를 하는 사람들은 꿈을 이루기가 훨씬 수월해 질 수 있을 것이다.

10 core는 매일 꼭 해야 하는 10가지로써 사막을 건너는데 필요한 10개의 물통이라고 생각하면 이해하기 쉽다. 들고 가기가 무겁다고 한 개를 뺀 9개의 물통을 가지고 간다면 사막을 건널 수는 없다. 10개가 아니면 9개를 가져가든 1개를 가져가든 처음부터 1개도 가져가지 않은 것과 같은 결과 일 것이다.

그러므로 10가지 모두를 매일 꾸준히 실천하고, 특히 10 core는 시스템의 근본으로 시스템에 얼마나 많은 사람이 접속되어 있는지가 더 중요하다는 사실을 기억해야 한다.

많은 네트워크 마케팅 그룹과 회사들이 10 core를 사용하고 있지만 활용하는 방법에는 다소 차이가 있다. 지금 소개해주는 10 core 방법은 여러 네트워크 마케터들이 머리를 맞대고 만든 오랜 기간 검증을 받아온 10가지 지침이다.

이러한 10가지 지침에 따라 회사에서 정해준 행동 지침을 따라 하고 복제하기만 해도 네트워크 마케팅 사업의 기초와 틀을 구축할 수 있는 아주 중요한 내용이다.

1. 체력 단련(Exercise)

건강이 중요하다는 것은 누구나 알고 있다. 건강을 잃으면 모든 것을 잃기 때문이다. 각자의 운동능력에 따라 다르겠지만 적어도 주 5일 45분 이상 꾸준히 운동하는 것이 좋다.

건강한 육체에 건강한 정신 (A healthy mind in a healthy body)이 깃든다는 말이 있다. 운동은 단지 건강한 육체를 만드는 데에만 그치지 않고 건강한 정신을 만드는 데에도 큰 도움이 된다. 육체와 정신은 따로 분리되어 있는 것이 아니라 아주 밀접하게 연결되어 있다. 몸을 많이 움직이는 활동적인 사람은 정신적인 에너지도 커지고, 이와 같은 큰 에너지는 다시 활기 넘치는 육체를 만들며 동시에 긍정적인 사고를 갖게 해준다.

나아가 여유 있는 마음을 가질 수 있고 대화하는 사람들에게 더 큰 안정감과 편안함을 줄 수 있으므로, 네트워크 마케팅 사업에 직접적으로 도움이 된다.

활기 넘치고 긍정적인 에너지로 상대방에게 긍정적인 마음자세를 갖게 해주어 더욱 열린 마음으로 건강한 삶을 알려 줄 수 있다.

운동은 필요하지만 과한 운동은 하지 말아야 한다. 헬스장에서 기구를 활용하여 운동 한다고 해도 자신이 들어 올릴 수 있는 무게를 알고 운동을 해야 정확한 운동이 된다. 자신에게 맞지 않는 무거운 바벨로 운동하게 되면 몸에 심한 무리가 온다. 처음에는 무게가 적게 나가는 바벨로 시작하며 무게를 늘리는 과정은 매일매일이 아무 변화가 없는 것처럼 가다가 그런 작은 몸의 변화 하나하나가 쌓였을 때 어느 날 갑자기 확 늘어난다. 오히려 그때가 되면 무거웠던 바벨이 가볍게 느껴질 것이다. 이처럼 우리가 알아보고 있는 네트워크 마케팅 사업도 같은 형식이다. 작은 것부터, 기초부터 차근차근 쌓아 나가야 한다. 운동에 대입해 봐도 똑같다. 기초가 없이 요행이나 편법으로 올라간 사람은 어느 순간 한번에 무너지기 마련이다.

처음부터 너무 무리하게 운동을 실시하는 것은 몸에도 마음에도 좋지 않다. 몸이 건강해야 성공을 향해 올라갈 수 있는 힘의 원동력이 생긴다.

2. 매일 30분 책 읽기

독서는 자신의 신념을 강하게 하는 가장 힘있는 도구다. 책을 읽는 행위는 보는 것이나 듣는 것과 같은 수동적인 행동과 달리 자신이 적극적으로 행동해야 하기 때문에 사람들은 활자를 읽을 때에 대부분 더욱 긍정적으로 변한다. 그래서 독서는 사람들의 신념을 강하게 한다.

또 이 사업은 대인 관계를 기반으로 하는 소통사업(Communication Business)이므로 자신의 인격 함양과 의사 소통에 도움을 주는 책을 읽는 것은 아주 중요한 일이다.

늘 책을 읽는 사람은 대화할 때에 사용하는 어휘나 말하는 법에서도 기품이 묻어 나와 신뢰를 주기가 쉽다.

사업 초기에는 무엇이든 생소하기 때문에 어색한 부분이 많을 수밖에 없다. 이처럼 생소하고 어색함은 책 읽기를 통해 익숙해 질 수 있다. 책 읽기를 통해 자신이 적극적으로 사업에 임하는 태도가 긍정적으로 바뀐다. 적극적이고 긍정적인 태도는 좋은 결과를 만들어 낼 것이다.

책은 사업 자체를 이해하기 위한 가이드북도 있고 회사를 이해하는데 도움이 되는 책도 있으며, 자기 계발이나 동기부여용 책도 있다. 이와 함께 직접적으로 제품에 관한 지식을 함양하거나 간접적으로 제품 이해를 돕는 책들도 있다.

일상적으로 독서가 습관화되어 있지 않으면 매일 책을 읽는 것이 쉽지 않을 수도 있다. 책만 잡으면 졸리기도 하고 책은 읽는데 집중이 안돼 앞에 읽은 부분이 기억이 나지 않고 건성으로 책장만 넘기기도 한다. 이런 경우엔 책 읽기를 포기하지 말고 귀가 후에 그대로 선 채로 책을 읽기를 시도하면 졸림을 피할 수 있다. 보통 30분 이상은 집중해야 책의 내용에 집중할 수 있지만 처음부터 30분 이상 책을 읽는 것이 어려우면 처음엔 5분이라도 읽고 점차 시간을 늘려가는 것도 좋은 방법이다. 10 core는 매일 해야 하는 것이며, "Leader is Reader(책 속에 길이 있다) - 빌 게이츠 -"라고 했으니 반드시 매일 꾸준히 책을 읽어 네트워커의 모습을 갖춰야 한다.

1) 리워드
매일 30분을 투자해 책을 읽는다. 처음에는 얇고 흥미가 있는 책을 선택하여 성공을 위한 첫 습관을 만드는 것이다. 일단 사업을 시작하기로 결심하면 사업에 대하여 호기심과 궁금증이 많아진다. 이때 그룹시나 스폰서가 추천하는 궁금증을 해소해준 얇은 책을 선택하는 것이 바람직할 것이다.

책 읽기는 시간을 쪼개서라도 분량이 작은 책부터 점차 시간을 늘려가길 바란다.

책은 우리가 무의미하게 흘러가는 시간을 바로 잡아준다. 무의미했던 시간들이란 아무것도 하지 않고 쓸 데 없는 시간을 허비하는 것을 말한다. 한 권의 책에는 특별할 수도 있고 특별 하지 않을 수도 있는 메시지들이 담겨있다.

많을 수도 있고 단 하나의 메시지를 얻을 수도 있다. 그러한 메시지들은 우리에게 자연스레 스며들고 그렇게 책을 읽는 시간을 늘려 가다 보면 나의 삶이 더욱 여유로워 지며 수동적인 삶에서 능동적인 삶을 살 수 있게 바꿔 주게 되는 계기를 만들어 준다.

2) 내가 이해 할 수 있는 단어로 바꾸자.
① 텍스트를 읽고, ② 텍스트를 분석하고, ③ 텍스트를 형상화 하기 이런 3가지를 가지고 내 것으로 만드는 특별한 작업이 필요하다. 책을 읽는 것과 영상을 보는 것은 다르다. 책을 읽는 경우 내가 읽는다고만 해서 나에게 흡수 되지 않으며 그냥 읽게 되면 내용 숙지가 잘 안될 수도 있다. 하지만 영상은 보고만 있어도 프레임 별로 움직이며 우리가 보고만 있어도 어떤 내용인지 알 수 있다. 영상들은 수동적인 영상물로 인지가 빠르지만 책 같은 경우 우리가 능동적으로 찾아보고 생각하고 다시 내가 이해 할 수 있는 단어로 바꾸던지 가공 작업이 필요하기에 책 읽기가 처음에는 어렵다는 이야기다.

우리는 바야흐로 4차 산업혁명 시대에 살고 있다. 우리의 일자리가 AI에 로봇에게 뺏길 위험이 있는 그런 시대, 그리고 우리는 글보다는 온라인 매거진, 온라인 신문, 온라인 만화 등 다양한 종이 콘텐츠들이 온라인 콘텐츠로 바뀌고 있는 시대에 살고 있다. 점차 종이 콘텐츠가 설 자리가 없다는 것을 우리는 자주 느끼고 있다는 걸 잘 알고 있다.

요즘 시대의 최대 관심사가 바로 유튜브나 미디어이다. 어린이든

청소년이든 심지어 직장생활을 하는 우리들도 유튜브와 라이브 방송에 많이 노출되어 있다. 빠른 정보를 얻을 수 있고 다양한 정보를 습득 할 수 있는 부분에서 아주 좋은 콘텐츠인건 분명하다. 하지만 어린 시절부터 영상물에 의존하다 보면 아이의 지능이 낮아진다는 연구결과가 이미 나왔고, 부모들은 어린 자녀에게 스마트폰이나 TV 노출하는 횟수를 줄여야 한다는 소견이 나왔다.
그렇기에 아이를 위해서는 영상물에 의존해선 안 되는데, 어린 자녀를 둔 부모들은 여전히 딜레마를 겪고 있다.

책이란 어린 자녀들이나 어린 학생들의 경우만 해당 되는 것은 아니다. 우리가 이미 성인이 되었고 과거에 종이 책을 많이 읽었다고 해서 끝난 게 아니다.

學無止境 - 배움에는 끝이 없다.
孔子穿珠 - 배움에는 위아래가 없다.

어른들 역시, 영상물보다 글자를 많이 접해야 한다는 이야기다.
우리 뇌의 성장은 청소년기와 성인 되는 20대 초반에 끝난다고 생각하는 사람이 많고 그렇게 알고 있었지만 많은 학자들과 "한국뇌연구원"에 따르면 뇌의 성장은 계속해서 성장할 준비를 하고 있고, 끝없는 확장이 가능하다고 했다.
"어제보다 나은 나와, 또 다른 나를 만들기 위해서 우린 책을 펼쳐야 한다."

3) 간접 경험

책은 우리가 상상을 했던 곳을 보여주고 우리가 또 상상하지 못했던 곳을 보여주기도 한다.

SF 판타지 소설인 베스트셀러 "해리포터"를 다들 기억할 것이다. 인기가 하늘을 치솟듯이 올라 영화화까지 된 베스트셀러 이다.

처음에 책을 봤을 때 그 인물에 대한 묘사, 건물의 배경에 대한 묘사 등 자세하게 설명을 시작하는데 이런 부분이 소설의 묘미이다. 하나하나 들여다보고 상상을 통해 우리 뇌를 확장 시켜주는 역할을 하게 되는 것이다.

책은 내가 가보지 못했던 상황과 내가 보지 못했던 관점을 제시한다. 내가 가보지 못했던 여행지와 배경 그리고 사람을 만나고 이야기 하고, 내가 보지 못했던 관점들을 작가의 눈이나 혹은 소설 속 등장인물의 눈을 통해 보게 한다. 앞서 판타지 소설이나 SF공상과학 소설 이야기를 했었다. 하지만 많은 사람들이 '소설을 읽는 게 도움이 될까?' 라고 생각하는 경우가 많은데, 오히려 반대로 묻고 싶은 질문이다. 왜 소설은 도움이 안될 것이라고 생각하는지 모르겠다. 소설 역시 도움이 된다. 이러한 책을 읽으면서 내 삶에 대입해 보고, 응용해 볼 수 있는 기회를 먼저 가지게 되는 것이다. 누군가의 관점, 누군가의 경험을 간접적으로 체험해보고 내 것으로 만들 수 있다는 점이 바로 책의 장점 중 하나이다.

3. 동영상 및 음원 듣고 보기

네트워크 마케팅 사업은 경험을 전달하는 사업이므로 사업을 하기 위해서는 먼저 경험해야 하는데 이 경험에는 직접 경험과 함께 간접 경험을 포함한다. 오랜 시간 동안 네트워크 마케팅 사업을 성공적으로 진행한 많은 사람들의 경험을 간접적으로 접하는 좋은 보조자료가 오디오를 듣는 것이다.

반복은 기적을 낳는다. 네트워크 마케팅 사업에서 성장하려면 반복적인 습관이 필요하다. 매일 사업에 관련된 동영상이나 음원을 꾸준히 들으면 사업에 대한 이해가 깊어지고, 성공한 사람들의 사업 진행 경험이 점차 내 것이 되며, 사업에 대한 열정도 점점 더 커지는 것을 경험하게 되므로 꾸준히 열정적으로 사업을 진행하는 데에 도움이 된다.

또한 그 성공자의 습관을 습득하거나 특정 상황에서 필요한 용어나 말투를 복제하여 내 것으로 만들 수 있는 장점이 있다.

오디오는 특별히 시간을 내지 않더라도 생각만 있으면 충분히 들을 수 있는 장점이 있다. 바쁜 직장인도 출퇴근 시간을 활용해서 들을 수 있는데 특히 출근하는 아침 시간에 이용하면 하루 일과를 힘차게 시작하는 데에도 크게 도움이 된다. 주부도 가사일을 하는 중에 얼마든지 오디오를 들을 수 있음은 물론이다.

오디오는 성공 스토리(Success Story), 제품경험 스토리, 사업설명 등 크게 3종류로 나눌 수 있다. 사업 초기에는 이 중에서 성공 스토리를 많이 듣는 것이 좋다. 초기일수록 사업을 진행하는 방법이 궁금해서 시스템 오디오를 우선 듣고 싶어하는 경향이 있지만 이 사업에서 가장 중요한 열정은 무한한 것이 아니고 꾸준히 공급해줘야 하는 만큼 적절한 시간 배분을 하여 성공 스토리를 많이 듣는 것이 필요하다. 성공적으로 사업을 진행한 여러 네트워커들의 성공 스토리 오디오를 꾸준히 듣는 것이 사업을 꾸준히 성장시킬 수 있는 중요한 비결임을 항상 기억해야 한다.

1) 성공 스토리 (Success Stroy)

내가 가려는 길을 먼저 성공적으로 간 사람의 이야기는 나에게 매우 큰 도움이 되며 반복해서 듣는 것이 좋다. 똑같은 내용이지만 내가 사업을 진행하는 과정이나 상황에 따라 이해되고 느끼는 내용과 깊이가 다르기 때문이다. 성공 스토리를 듣는 동안 성공한 사람의 노하우를 자연스럽게 습득할 수도 있다. 또 네트워크 마케팅 사업 이전에 매우 다양한 경력을 가지고 있는 사람들을 간접적으로 만나게 되는 것이므로 누구든지 성공할 수 있다는 자신감을 가질 수 있으며, 오디오 속 주인공의 직업도 다양하므로 내가 후원하려는 사람에게 잘 맞는 오디오를 권할 수도 있다.

예를 들어 후원하려는 사람이 직장인이라면 직장인 출신 성공스토리가, 주부라면 주부 출신 성공스토리가, 자영업자라면 자영업자 출신 스토리가 도움이 될 것이다.

성공 스토리란 성공한 리더들이 처음부터 끝까지 사업을 성공적으로 진행한 이야기는 아니다. 성공은 많은 실패의 합으로 이루어진 것이기 때문이다. 그러므로 성공 스토리는 나에게 새로운 에너지를 제공해 주는데, 특히 사업 진행 과정에서 일시적으로 힘들다는 느낌에 빠져 있을 때에는 나만 그런 것이 아니라 누구나 경험하면서 성공에 이른다는 것이 큰 힘이 된다.

2) 제품 (Products)

제품 오디오는 제품에 대한 이해를 돕기 위한 오디오다. 단순한 소비를 넘어 다른 사람에게 제품을 설명해 주어야 하므로, 자신의 사업 아이템에 대한 깊이 있는 이해가 필요하다. 사업에 있어서 가장 기본적인 것이다.

3) 시스템 (System)

성공 스토리가 주로 네트워크 마케팅 사업을 하는 이유(Why), 성취 동기 자극과 관련 있다면 시스템 오디오는 주로 사업을 진행하는 방식(How to)와 노하우를 가르쳐 주는 것이 목적이다. 사업의 올바른 방향을 제시하는 것이다.

시스템의 이해를 돕기 위한 보조자료를 사업 초기에 열심히 공부해야 하는 것은 물론 사업을 진행하는 과정에서도 꾸준히 반복적으로 들어야 한다. 자신의 사업이 성장해 가는 과정에 따라 같은 오디오를 들어도 시스템에 대한 이해가 다르기 때문이다. 초기부터 충분히 많이 들어서 시스템을 익히면 사업의 성장 속도도 그만큼 빠를 것이다.

4. 미팅(제품교육, 리더십 미팅, 시스템 미팅) 참여하기

미팅 참석은 10 core 중에서도 가장 중요한 과정이다. 지식도 열정도 끊임 없이 배우는 과정이 네트워크 마케팅 사업이기 때문이다. 성공적으로 사업을 진행한 이들은 누구 하나 빠짐 없이 모두 모든 미팅에 참석했다고 한다.

네트워크 마케팅 사업은 자신이 사업을 진행하는 과정에 따라 이해하는 깊이가 다르므로 사업을 처음 시작해서 초기에는 오히려 미팅에 참석해도 같은 말만 되풀이하는 것으로 들릴 수 있다. 그러나 정시에 미팅에 참석해서 주의 깊게 강의를 경청하다 보면 자신의 비전과 확신을 강화시켜 주는 미팅의 참 목적을 이해할 수 있게 된다. 동시에 네트워크 마케팅 사업과 회사 그리고 제품에 관한 지식을 충분히 깊게 학습할 수 있다.

미팅은 시스템의 근본이 되는 것으로 주유소와 같은 곳이다. 처음에는 사업의 열정이 항상 넘칠 것 같지만 누구나 열정을 내는 데 한계가 있으므로 꾸준히 미팅에 참석해야 한다. 또 누구에게나 시간은 똑같이 주어지므로 자신의 유한한 시간 만으로 네트워크의 모든 사람을 도와 네트워크를 성장시킬 수는 없다. 미팅은 가장 원칙적인 복제의 장이므로 네트워크의 모든 사람들이 미팅을 꾸준히 참여하면 비교할 수 없이 빠른 속도로 네트워크의 성장을 이룰 수 있다. 그렇기 때문에 미팅을 가려서 참석하는 것은 이 사업을 이해하지 못한 것이다. 처음에는 배우는 것이 가장 중요하지만 곧 다른 사람을 가르쳐야 하는 것과 같이 미팅도 처음에는 학습하기 위해 참석하지만 곧 자신이 스스로 미팅을 개최해야 하므로 '나도 이렇게 미팅을 주재해야지'하는 생각으로 미팅에 참석하는 것이 중요한 자세다.

미팅에 참여하다 보면 처음부터 잘 할 수도 없고 처음부터 전부 다 이해하려 할 필요도 없다. 그리고 미팅장에서 강사가 하는 말을 전부 이해 할 수도 없을 것이다.
처음 미팅에 참석했다면 오직 그날에 나갔던 미팅장에 집중하고 그 미팅장에서 하나만이라도 알아듣고 오자. 아니면 하나만이라도 가져오자는 생각을 가지고 미팅에 참석해 보자. 모든 미팅에 참석하게 된다면 그 하나의 배움은 훗날 큰 선물이 될 것이다.
미팅에 참석해서 강사의 프레젠테이션을 들어보면 자신의 비전과 확신을 강화시켜 주는 미팅의 참 목적을 이해할 수 있게 된다. 동시에 네트워크 마케팅의 사업과 회사 그리고 제품에 관한 지식 그리고 우리가 알지 못했던 고급 정보들을 미팅에서 얻어 갈 수 있다.

많은 사람들이 사업 초기에는 작은 미팅을 선호하는 경향이 있지만 모든 미팅에 참석하는 것이 매우 중요하다. 큰 미팅에 참석할 때에 큰 비전과 가치를 보고 사업에 대해 흔들리지 않는 큰 확신을 얻을 수 있으며 큰 결단을 할 수 있고 나아가 이미 성공한 사업가들의 말과 프레젠테이션으로 대리경험을 해볼 수 있기 때문에 모든 행사나 미팅에 참석하라는 것이다.

행사 종류가 많겠지만 되도록이면 참석을 해야 한다.
미팅에 참여하면 빅 비즈니스에 대한 마음과 의지를 단단하게 다질 수 있고 먼저 성공한 성공자의 노하우를 습득 할 수 있으며 지속적인 사업에 대한 집중력을 잃지 않게 해 줄 것이다.

큰 행사는 무조건 참석을 권한다.
회사에서 진행하는 큰 행사는 당신의 인생을 바꿔줄 마지막 도구일지도 모른다. 성공자들이 모이고 그 성공자들의 노하우와 기운을 받을 수 있다. 성공자들은 어떤 방법으로 사업을 진행했는지 가이드라인이 되어주며 특정한 상황이나 성공자들의 유니크한 경험을 전달 받을 수 있을 것이다.
이러한 큰 행사는 기본적으로 성공자들이 모두 모이는 장소이기도 하고 그 성공자들을 보려고 모두가 모이는 장소다.
가까운 그룹이나 회사 사람들이야 자주 볼 수 있지만 다른 타입의 타 그룹의 사업이 어떻게 진행되는지 그리고 그들만의 문화 그들의 행동 하나하나 보고 듣고 복제 할 수 있는 기회가 이런 큰 행사에서 이뤄지고 있다. 큰 행사들을 통해 획득할 수 있는 일련의 기술들과 사업에 대한 믿음, 자신감은 네트워크 마케팅 사업 수입을 증가시키고 투자한 것 이상의 가치를 가져다 줄 것이다. 이런 큰 행사장에서 성공자들의 이야기를 그냥 듣기만 한다면 그리고 그냥 돌아가면 거기서 끝이다. 발전이 없다. 내가 유용하다고 생각되면 또 내가 진행하는 스타일에 부합한다는 생각이 들면 내 것으로 만들어야 한다. 노트와 팬을 들고 필기를 하고, 핸드폰으로 녹음을 하면서 노트북으로 타이핑을 쳐서 보유하도록 한다. 매번 오늘 행사가 마지막 행사라는 마음가짐으로 참석 한다면 비즈니스를 진행하면서 다른 결과를 얻을 수 있을 것이다.

큰 행사도 중요하지만 작은 미팅 즉 사람들을 1:1로 만나야 하는 미팅은 어떤 궁극적인 목적을 가지고 있어야 할까?
만약 당신이 오늘 만난 사람에게 물건을 팔았다고 가정해 보자. 다음 약속은 없고 그냥 물건만 팔고 돌아왔다. 물건을 팔았으니 보너스를 받을 것이고, 하지만 거기서 끝이다. 제품 전달을 하고 다음 미팅을 못 잡았다면 마무리 된 상황이 아니다.
다음 미팅 일정을 잡았는지에 따라 성공 여부가 결정 된다는 걸 명심해야 한다. 우리는 단기 구매자에게 제품 전달하는 것이 목적이 아니다. 나와 같이 사업을 이끌고 함께 나아갈 파트너가 필요한 것이다.
네트워크 마케팅 사업과 제품에 대한 정확한 지식을 갖게 되면, 좋은 것을 전달하는 것이므로 당당한 자세로 지속적으로 행동할 수 있다. 결과를 지향하는 모든 행동에는 어려움이 따른다. 학생도 성적을 올리고 싶으면 힘들어도 공부를 해야 하고, 하늘을 나는 새도 날아 올라 앞으로 나아가려면 공기의 저항을 받아야만 한다. 공기의 저항이 없다면 아무리 큰 날개를 가지고 있다 해도 날 수 없다. 이와 같이 모든 일에는 저항이 있기 마련인데, 난관을 만나도 그것을 즐길 수 있으면 지속적으로 행동하기 쉽다. 우리 사업에서 어려움을 즐길 수 있게 하는 것은 나의 꿈이다. 지금의 행동 하나 하나가 꿈을 이루기 위해 필요한 당연한 대가를 치르는 것이라 생각하면 어려움은 없다.

꾸준히 행동을 하기 위해서는 눈 앞의 단기 결과에 집착하지 않고 멀리 보고 생각해야 한다. 사업의 성공은 매일의 성공적인 결과가 있어야 하는 것이 아니라 매일 실패로 보이는 것들이 연결되고 축적되어 결국 큰 성공에 이르는 것이기 때문이다.

최종적으로 네트워크 마케팅의 목적은 복제에 있다. 복제를 해서 다른 사람을 가르칠 수 있어야 하고 기꺼이 위에 있는 스폰서나 성공자들의 지도를 받아들일 수 있는 마음을 가져야 한다.

즉 내가 성공자의 행동 방식이나 사업 방식을 완벽히 복제 했다 생각하더라도 막상 다른 누군가에게 똑같이 알려주려 할 때 제대로 알려주지 못한다면 아직 나는 완벽히 이해를 못하고 있다는 것과 같다는 이야기다.

현재 사업을 안내해 주고 있는 스폰서는 여태껏 가장 효과적인 방법과 노하우를 배워왔고 그것을 활용 할 줄 아는 사람이다. 그들은 사업자에게 특별한 조건 없이 모든 것을 알려주려 할 것이다.

그들의 노력을 바탕으로 노하우로 알려주는 모든 것을 내 것으로 만들 수 있도록 그리고 직업 전체에 대해 항상 배우고 학습을 위해 노력해야 한다.

이와 함께 초기의 행동 과정은 행동이면서 동시에 학습의 일환이라는 점을 기억해야 한다. 네트워크 마케팅 사업의 학습은 앉아서 책상과 미팅에서만 이루어지는 것이 아니다. 밖으로 나아가 직접 행동하면서 쌓는 경험이 아주 중요하다. 아무리 이론적인 정의를 머리 속에 집어넣어 다 안다고 한들 직접 밖으로 나가 행동을 취할 때 반복적인 경험을 쌓아야만 당신을 실력 있는 전문가로 만들어

줄 것이다.

네트워크 마케팅 사업은 절대 혼자 성공할 수 없는 사업이다. 네트워크 마케팅은 팀워크 사업이며 혼자 할 수 없는 부분을 팀 단위로 도와가며 서로 WIN-WIN 하는 시스템을 구축해왔다. 이를 토대로 미팅에서 성공자의 시스템을 복제하고 미팅에서 긍정 에너지를 받으며 성공 하는 시스템을 만드는 행사가 바로 미팅이니 부디 꼭 기억하길 바란다.

5. 모든 제품 100% 애용하기

네트워크 마케팅 사업은 소비자가 자신이 소비한 직접 경험을 전달하는 것이 기본 개념이다. 원래 소비자가 단순한 소비에 그치지 않고 다른 사람에게 구전 광고함으로써 사업이 되는 것이라는 얘기다. 즉, 소비자에서 프로슈머(Prosumer)로 전환되는 것이다. 내가 직접 소비한 경험을 전달하려면 내가 먼저 소비해야 한다. 그러므로 스스로 직접 소비한 경험이 중요하며 직접 소비한 것이 나의 사업 아이템이 된다. 소비하는 제품의 폭이 넓어질수록 나의 사업 아이템도 넓어지는 것이다. 제품의 단순한 구매 혹은 소비에 그치지 않고 내가 사업할 아이템을 면밀하게 따져봐야 한다. 제품을 광고하고 전달하려면 정확한 지식과 경험이 중요한데 공부한 지식만으로는 한계가 있으므로 직접 소비하는 것이 전적으로 필요한 것이다. 단순히 제품을 구매해서 사용하는 것만이 아니라 제품을 꼼꼼하게 학습하고 검증하면서 쓰는 것을 제품 애용이라고 표현한다.
전 제품을 애용할 것을 권하는 이유는 물론 품질도 우수하지만 사업적인 관점에서 볼 때에 그것이 자신의 사업 아이템이기 때문이다. 전 제품을 이용하고 애용하는 것은 초기 사업자들에겐 부담이 될 수 있다. 하지만 미래를 위해 꼭 필요한 시스템이다.
스폰서와 다른 성공자의 추천 제품은 반드시 사용해봐야 한다.
제품을 광고하고 전달하려면 정확한 지식과 경험이 중요한데 공부한 지식만으로는 한계가 있으므로 직접 소비하는 것이 필요하다. 자신이 정보를 정확하게 전달하지 못하면 소비자는 잘못된 사용법으로 제품의 100% 능력을 발휘하지 못할 때도 있으니 정보를 정확하게 숙지하고 전달하는 게 목적이다. 네트워크 마케팅 사업은 지식을 기반으로 한 제품의 대한 감동을 전하는 사업이다.

전 제품을 애용할 것을 권하는 이유는 간단하다. 제품을 전달하는 사람이 사업 아이템에 대하여 어떤 성능을 가지고 있고 어떠한 효과가 있는지 모르고 있다면 그 사람에게 함부로 사려하지 않을 것이다. 제품에 대한 내용 학습은 부가적인 일이다. 일단 내가 사업 아이템을 전달하고자 한다면 사업 아이템을 사거나 빌려서 사용해보자.
이 사업 아이템은 어떤 효과나 사업적인 관점에서 볼 때에 그것이 자신의 사업 아이템이기 때문이다.

6. 소비자 클럽 만들기

소비자가 없는 사업이란 생각 할 수 없다. 소비자는 네트워크의 근간이 되므로 꾸준히 소비자를 만들어야 한다. 단순히 1회성 소비자를 만드는 데 그치는 것이 아니라 제품을 좋아하면서 핵심 제품을 모두 소비하는 애용자를 만들어야 한다. 네트워크 마케팅 제품은 재구매율이 매우 높다. 소비자 1명을 만들려면 최소 5번 이상을 만나야 한다. 매달 나에게서 제품을 구매하는 15~25명 소비자 네트워크를 만들면 평생 사업의 밑거름이 된다.

처음에는 사업의 정확한 개념을 이해하지 못해 소비자 만들기를 제품 판매로 오해할 수도 있지만 제품에 대한 정보를 전달해서 스스로 소비하도록 만드는 개념을 이해해야 한다.
사업설명을 들었으나 당장 사업에는 관심을 갖지 않는 사람들도 제품에는 관심을 갖는 경우가 많으므로, 사업설명 중에서도 소비자를 확보 할 수 있도록 미리 준비하는 것도 좋다.
첫 번째 사업설명에서 '사업을 같이 안 해도 소비자로 남으셔도 됩니다' 라는 말로 제품을 소비하도록 도와주는 것이 중요하며 사업을 선택 하지 않더라도 소비자라는 인식을 항상 지니도록 한다. 이런 방법은 제품을 써 본 경험이 생기면 결국은 사업자가 될 수 있는 여지를 남기는 일이다.
제품 구매가 일어나야 비로소 의미 있는 네트워크가 성립되는 것이므로 소비자 만들기는 매우 중요하다. 제품을 도외시하고 사업설명에만 매달려 사업 플랜만 전달하다 보면 제품 구매는 일어나지 않아 수입이 제로가 되는 공허한 사업이 되기 쉽다.

소비자 만들기가 매우 중요한 이유는 소비자들 중에서 사업에 관심을 가지고 사업자가 되는 경우가 많기 때문이다. 처음엔 단순한 소비자였던 사람이 애용자가 되고 다시 사업자가 되는 것이다. 제품은 그 자체가 가장 강력한 후원의 도구다. 매일 새로운 고객을 찾아 나서야 하는 세일즈와는 다른 성격의 일이라는 것을 알아야 하고 수 많은 소비자가 필요한 것이 아니란 걸 명심해야 한다.

또 다른 이유는 이들은 또 다른 고객을 찾아준다는 점이다. 소비자들의 만족도가 높을 수록 입소문을 통해 우리는 더 많은 고객을 만날 수 있는 방법이 생기는 것이다. 한 명의 소비자 뒤에는 직접 만나보지 못했던 예비소비자, 예비사업자들이 있다는 점도 명심하며, 그러기에 그 한 명의 소비자에게 최선을 다해 서비스를 제공해 주고 유지관리를 특별히 하라는 이야기이다. 이처럼 소비자 클럽은 다다익선이다.

이렇게 소비자 클럽을 만들어 두면 소매 고객들은 추가 수입을 발생시켜 사업 초창기에 매우 도움이 된다는 점을 명심해야 한다.

네트워크 마케팅 사업을 이해하지 못하고 있는 사람들을 소비자로 만드는 과정은 많은 정성을 필요로 한다. 한 차례 소비했다고 스스로 주문하는 애용자가 되는 것도 아니다. 통계적으로는 다섯 번 이상은 만나야 애용자가 될 가능성이 있다고 한다. 그러나 소비자가 단순 소비자가 아닌 사업자가 되는 과정이라 생각하고 꾸준한 노력을 기울여야 하며, 제품 정보 외에 사업과 관련된 정보와 책과 오디오 등을 동시에 전달해 주는 것이 좋다.

당신이 네트워크 사업의 성장을 원한다면 계속해서 자사 제품 애용자와 유통자를 찾아야 한다. 소비자를 만들고 Follow-Up하는 과정은 사업 초기에 국한된 것이 아니라 성장을 하더라도 계속해서 진행해야 하는 과정이다.

네트워크 마케팅 사업의 목표 중 하나는 우수한 서비스와 제품의 품질로 소비자를 만족시키는 것이다. 나에게서 물건을 구매하는 소비자의 이야기를 귀담아 듣고 1:1 고객지원 서비스를 해주는 것처럼 케어를 해주자. 고객을 평생 고객 / 평생 파트너로 만들 수 있는 첫 번째 열쇠는 바로 당신 손에 달려 있다. 고객에게 꼼꼼하게 제품의 사용방법을 설명해주며 고객이 즉각 사용 할 수 있도록 포장지를 벗겨주고 제품에 대한 확인 뿐만 아니라 완벽한 사용법을 인지했는지 재차 확인하고 질의를 통해 고객에게 최고의 서비스를 제공함으로 반품율을 줄일 수 있다. 꾸준히 고객들에게 지속적인 유지 관리를 해야 한다. 만약 회사에서 월 자동으로 주문 결제가 되는 프로그램이 있다면 최대한 이용해야 한다. 소비자 클럽 모두를 이와 같은 프로그램에 넣어두고 관리를 하길 바란다. 사람이 직접 하는 것보다 AI 시스템이 자동으로 시간도 계산해주고 자동으로 주문까지 넣어주는 시스템이 가능하니 소비자 그룹 관리 하기가 편할 것이다.

1) 고객, 소비자들은 자발적이지 않다.
첫 주문을 했었고 이후 두 번째 주문을 자발적으로 신청 할 것이라고 생각하지 말고 월 자동 주문 결제 프로그램을 활용하거나 없다면 꼼꼼히 기록 했다가 제품이 다 떨어지기 전에 고객에게 주문을 받아야 한다. 단 주문하기 전에 소비자들에게 의사를 물어봐야 한다. 고객의 의사를 물어보지 않고 진행한다면 부정적인 결과를 초래 할 수 있다. 꼭 의사를 물어보고 최고의 효과를 체험 할 수 있게 고객 관리를 해야 한다.

2) 특별 프로모션이나 월별 프로모션 정보 제공하기

초기 소비자들 그리고 앞으로도 있을 소비자들에게 특별 프로모션이나 월별 프로모션 정보를 제공 하자. 이런 것 또한 고객과 소비자들에게 할 수 있는 서비스 중 하나다. 우리가 여러 카드사 중에 한 두 개 골라서 카드를 사용하면 카드사에서 혜택이라고 이것 저것 문자를 보내주고 전화를 해주지 않나? 이런 것과 비슷하다고 생각하고 정보를 제공하자. 이들에게 이러한 정보들은 곧 신뢰로 직결된다.

3) 다시 한번 확인 전화는 필수

제품을 구매할 때, 예약할 때, 미팅을 잡을 때 다시 한번 확인 전화를 꼭 해보길 바란다. 제품을 구매 할 때는 주문한 내역이 맞는지 여차하면 추가 주문으로 이어 질 수 있다. 반드시 더블 체크하는 습관을 통해 완벽한 고객관리를 하도록 하라. 또한 자동 구매에 등록한 고객, 소비자라도 다시 한번 전화를 통해서 불편한 점이 없는지 아니면 더 필요한 게 없는지 확인하면서 고객 관리에 대한 서비스를 제공하는 게 신뢰감 형성에 도움이 된다.

4) 항상 합법적인 방법을 이용해야 한다.

조금만 더 하면 뭔가를 이룰 수 있는 수준에 도달 하기에, 사소한 욕심 때문에 절대 눈앞의 이익에 연연하지 말라. 항상 정당하고 합법적인 방법을 이용해야 하고 속해 있는 회사나, 그룹의 원칙에 준수하여 활동하길 바란다.

7. 사업설명 (Show The Plan)

네트워크 마케팅 사업을 두 개의 바퀴로 가는 마차에 비유할 때 한 바퀴는 소비자 만들기(Retail)이고 다른 한 바퀴는 사업설명(Recruiting)이다.
마차가 한 바퀴로만 움직인다면 앞으로 나아가지 못하고 제자리만 맴돌듯이 소비자 만들기와 사업설명은 사업 성장을 위한 양대 축이다.

사업설명은 Show The Plan이라고 한다. 즉, 네트워크 마케팅 사업의 모습, 마케팅 플랜을 보여 주는 것이다. 이와 함께 제품설명을 포함하며 리크루팅을 위한 전반적 행동을 쇼더플랜(Show The Plan)이라 한다.

사업설명은 네트워크 마케팅 사업을 진행하는 과정에서 가장 중요한 행동과정이라 할 수 있다. 사업설명을 하지 않으면 아무 일도 일어나지 않기 때문이다. 소비자도 사업설명을 듣고 기본적인 이해를 하고 있을 때 애용자가 될 가능성이 높아지며 자신은 사업을 하지 않더라도 새로운 사람을 소개해 줄 가능성이 높다.

성공을 원하는 네트워커라면 사업설명은 최소 주 3회 이상, 한 달에 10회 이상 하도록 권한다. 이러한 사람을 코어(Core) 사업자라 한다.
세상은 대부분 8:2 법칙을 따르므로 10명에게 사업설명을 하면 통계적으로 2명이 적극적인 관심을 갖고, 관심 있는 2명을 적극적으로 사업자가 되도록 돕는 것이다. (Show 10, Sponsor 2) 이 법칙을 따르면 15~20명의 Core 사업자가 나올 때까지 계속해서 사업설명을 하기 위해서는 100회 정도의 사업설명이 필요하므로 주 2회씩 하면 대체로 1년 걸린다. 이와 같이 계속해서 사업설명을 하고 계속적으로 도와 주면 시간낭비를 하지 않고 원하는 네트워커로서의 성공을 성취할 수 있다.

더욱 간절한 꿈을 가지고 열심히 사업을 진행하려면 초기 3개월에 100명의 명단을 모두 만나겠다는 마음가짐으로 매주 미팅을 열면서 집중적으로 사업자를 찾아 나가는 것이 좋다. 그 100명을 통해서 30명 정도의 관심 있는 사람을 만나게 되고, 그 안에서 9명 정도의 적극적인 사업자를 찾아낸다면, 성공의 출발점에 서게 된다.
사업설명을 하는 과정 중에 많은 거절을 받는 경험을 하면 사업 초기에는 열정을 잃게 하는 사업의 장애로 작용할 수도 있다. 그러므로 본인의 흔들림 없는 확신이 중요한데, 주 2회 이상 꾸준히 사업설명을 하면 그것이 습관이 되고 습관이 되면 거절의 영향을 크게 받지 않는다. 다른 사람의 거절 때문에 나의 네트워크를 구축하지 못하는 것은 어리석은 일이므로 확신을 가지고 열정을 유지하는 것이 중요하다.

따라서 프로스펙트(잠재적 고객)를 만나면서 시간이 부족하다는 이유로 책 읽기, 오디오 듣기, 미팅 참석 등 학습과정을 게을리 하지 않도록 주의해야 하는 것이다.

좀 더 성공적인 사업설명을 하려면 어떻게 해야 하는지, 프레젠테이션에서 우리가 반드시 언급해야 할 것은 무엇일까?

1) 사업을 하는 이유 (이 사업의 대한 매력 중심으로 이유 제시)
2) 꿈 키우기 (현실 점검해 가면서 현실 인식을 공유)
3) 사업의 개념 (네트워크 마케팅의 개념)
4) 회사 및 제품 (제품의 우수성 및 회사의 안전성)
5) 유통과정 및 그 변화 (수입을 발생시키는 소비, 투자가 되는 현명한 소비의 개념 소개)
6) 수익구조 (수익이 어떻게 발생하는지에 대한 소개)
7) 사업비전 (사업에 대한 비전 제시)

모든 사업설명은 프로스펙트에 대한 것임을 명시해야 한다.
앞서 성공적인 사업설명을 하려면 어떻게 하는지에 대하여 설명했다.

그 중에 첫 번째 내가 이 사업을 하는 이유에 대한 설명이다.
네트워크 마케팅 사업을 왜 시작 하게 되었는지에 대하여 관하여 이유를 설명해 주는 것이다.

두 번째는 꿈 키우기 이다.

꿈을 키우는 부분은 사업설명에서 중요한 부분 중 하나다.

수영장이 있는 큰 저택과, 매력적인 스포츠카, 여유로운 삶, 여행을 좋아하는 사람이라면 여행을 자주 가는 것을 꿈꾸는 사람들이 많다. 하지만 현실의 벽에 부딪혀 이러한 꿈을 포기하고 있는지, 지금 하고 있는 일이 즐거운지 다시 한번 상기 시켜주고 꿈을 잊거나 포기했던 사람들에게 다시 한번 그 꿈들을 일깨워 줘야 한다.

잊어버렸던 그리고 포기했던 꿈을 찾고 그 꿈 키우기, 꿈꾸는 사업에 대한 엄청난 기대감으로 바뀐다. 동시에 반드시 기억해야 하고 명심해야 할 것은 어려운 현실에 대해서는 '나의 얘기로' 꿈을 실현해 가는 '멋진 미래는' 프로스펙트의 얘기로 하는 것이다.

세 번째는 사업의 개념이다.

네트워크 마케팅 사업은 어떻게 이뤄지고 있는지 그리고 소비자들이 자발적으로 계속해서 제품을 소비하는 네트워크를 만들어 연속적인 자산 수입을 받게 된다는 개념을 설명하는 것이다. 또한 단순히 소비만 하더라도 아무런 손해가 없음을 알려주고, 또 그래야만 네트워크 마케팅 사업이 실제로 진행될 수 있음을 알려주는 것이 좋다.

네 번째는 회사 및 제품 소개다.

회사는 근본적으로 신뢰 할 수 있는 곳이어야 한다. 생산회사면서 회원 네트워크외에는 판매 채널이 없어야 구조적으로 회사를 신뢰 할 수 있을 것이다.

또한 프로스펙트들에게는 시각적인 자료들을 활용해서 보여주는 것이 좋다. 회사에서 어떻게 도움을 주는지에 대한 후원과 아낌없이 지원 되고 있다는 것에 대해 설명한다.

이어서 제품 소개는 제품의 대한 가치를 보여줘야 한다. 소비자들이 구매할 좋은 제품과 아이템을 생산하고 있다는 걸 알려줘야 한다. 한편 회사는 활발하게 연구개발에 투자하고 있어 미래에도 계속해서 소비할 수 있는 제품을 생산할 수 있는 회사임을 알려 준다. 단지 이 부분에서는 프로스펙트들 에게 스스로 올바른 결정을 내릴 수 있게 도와주면 된다.

다섯 번째는 유통과정 및 그 변화다.
이 부분에서의 핵심은 예전 우리가 알고 있는 유통과정에서 4차 산업혁명으로 변화된 유통 구조의 정보와 함께 모든 유통 과정에 포함돼 있는 광고비의 존재와 이 광고비 대신 회원들이 받는 보너스의 기금이 된다는 것을 설명해주면 된다.
프로슈머의 개념을 설명하고 소비는 즉 투자가 되는 현명한 소비의 개념을 일깨워 준다.

여섯 번째는 수익구조다.
사업설명에서 가장 중요한 부분이 아닐까 생각된다.
수익구조는 구전광고로 네트워크가 성장하고 발전하는 것을 보여주며 내가 다른 사람에게 구전광고를 함으로써 네트워크가 성장하는 데 따라 수입이 증가함을 보여 주는 것이다.

노력에 따른 보너스가 정당하게 주어지며 안정되고 지속적인 수입이 될 수 있다는 점을 강조한다.

마지막 일곱 번째는 사업의 비전을 제시한다.
인적 네트워크라는 자산을 만듦으로써 안정적인 수입은 물론이고 돈으로부터 자유로워질 수 있고, 수입의 특성 때문에 시간으로부터 자유로워질 수 있다는 점, 그리고 서로가 Win-Win 하는 사업임을 부각해서 표현한다.
또한 회사에서 프로스펙트들의 성공을 위해 어떤 것을 지원 해주는지 프로스펙트에게 어떤 혜택이 돌아가는지 설명한다. 각종 훈련 프로그램, 미팅 시스템, 후원 도구들, 마케팅 자료, 스폰서들도 성공을 위한 힘을 실어준다는 사실과 회사의 비전을 정확하게 설명해 준다.
끝으로 네트워크 마케팅 사업을 함께 하자고 권하고, 함께하는 사업이 어렵다고 생각되면 소비자로 남을 수 있음을 알려준다.

앞서 성공적인 사업설명을 위한 점검 요소를 알아봤다.
진정한 성공을 위해서는 회사도 회사지만 제품이 그 중심에 있어야 한다.
이러한 사업설명회로 기회를 제시함으로써, 사업에 대한 전반적인 그림을 그려주고 프로스펙트들에게 성공을 위한 열쇠를 제공해주게 된다.

8. 상담하기

네트워크 마케팅 사업이 혼자서 하는 사업이 아니라 누군가의 도움을 받으며 또 누군가를 돕는 상생의 사업(Win-Win)이라는 점이 가장 명시적으로 나타나는 것이 상담이다. 상담은 Feedback 과정 중에서 올바른 사업 진행 방향을 잡기 위해 가장 중요한 과정이다. 올바른 방향으로 진행하면 목표에 더욱 빨리 도달할 수 있다. 방향이 정확하면 사업의 효율성이 높아지는 것이다. 상담은 스폰서 파트너와 하는 것인데 나보다 이 사업에 있어서 성공과 실패의 경험이 많은 스폰서 파트너의 도움을 받으면 훨씬 더 효율적인 사업이 가능하다.

그러므로 더욱 효율적인 상담을 위해서는 겸손한 마음을 충분히 열어 놓는 자세가 중요하며, 스폰서 파트너 한 개인이 아닌 시스템에 대한 것이므로 존중(Partnership)하는 자세를 유지해야 한다. 스폰서 파트너와 상담하는 것은 매우 중요하다.

효율적인 상담을 위해서는 다음과 같은 원칙을 지켜야 한다.

1) 스폰서 파트너와 상담해야 한다.
상담을 하는 이유는 사업 방향을 조언 받기 위해서이므로 조언을 해줄 수 있는 충분한 경험과 지식을 가지고 있으며 동시에 10 core

를 성실히 이행하는 사람과 해야 한다.

스폰서는 사업의 성공을 간절히 원하는 사람이며 당신을 적극 지원한다.

회사에서는 교육관련, 정보담당, 시스템, 인원담당 등 다양한 분야에서 직원이 담당한 업무를 하고 있다. 이를 잘 활용하는 것도 사업의 노하우다. 이런 담당자들은 각 분야의 전문가이기 때문에 이들과 함께 어려운 문제를 풀어가며 사업을 잘 이어나갈 수 있으니 적극 활용하기 바란다.

또 상담은 스폰서 파트너와 하는 것이므로 자기가 속한 그룹이 아닌 형제라인(Cross Line)과는 상담하지 않는 것이다. 아무리 형제라인과 개인적으로 가깝고 친하다고 해도 형제라인은 나의 사업에 도움이 되지 않을 뿐 아니라 선의를 가지고 있다 해도 오히려 상호간에 피해가 될 수도 있다. 조금 더 들여다 보면 서로 판매하고 있는 제품이 다를 수도 있고 서로 추구하는 방향이 다를 수도 있다 그리고 각 팀이나 그룹만의 문화도 있으며 이러한 이유 때문에 형제라인과는 상담하지 않는 것이 좋다. 이 점은 반드시 명심하고 지켜야 한다

2) 솔직하게 마음을 열고 상담한다.

상담할 때에는 자신이 이 사업에 투입할 수 있는 시간은 물론 가족 상황이나 재정적인 상황까지도 모두 솔직하고 상세하게 전하고 상담하는 것이 좋다. 부끄러운 면을 밝히는 일이 될 수도 있지만 모든 상황과 사소한 것까지 얘기하지 않으면 정확한 방법과 방향을 잡을 수가 없으므로 상담이 무의미해질 수도 있다. 그 결과는 모두 자

신의 것이다.

몸이 아플 때 병원을 가고 축구 선수들을 이끌어가는 전술의 핵심인 축구 감독이 있듯이 누군가에게 상담이나 진료를 통해 내 현 상황을 판단 할 수 있다.

몸이 아픈 경우 어디가 아픈지, 다른 문제가 생겼거나 일이 잘 안 풀릴 때 전문가를 찾아가는 것이 일반적인 해결법이다.

스폰서 파트너가 자신의 친구나 후배 혹은 동생일 수도 있다. 이 경우에도 네트워크 마케팅 사업은 분명히 사업이므로 기존의 관계에 얽매이지 말고 사업적으로 새로운 관계가 되어야 한다. 사업 성장을 위해서는 정확한 상담이 선행되어야 하기 때문이다.

3) 상담은 상담 양식(Counseling Sheet)을 가지고 해야 한다.

중요한 회의일수록 회의 자료가 반드시 있듯이 상담 양식을 사전에 상세하게 기재해서 가져가야 한다. 스폰서 파트너 입장에서 보면 상담 양식이 있을 때 제대로 사업상황을 파악할 수 있기 때문이다.

또한 이러한 상담 양식은 보관하고 언제든 다시 찾아 볼 수 있고 나와 비슷한 문제 때문에 힘들어하는 다른 파트너들을 도와 줄 수 있다. 상담 양식은 보관하면서 지속 활용 가능하다.

4) 정기적으로 상담해야 한다.

사업을 진행하면서 자신의 사업이 성장할 때는 자신감에 충만해 상담을 받고자 하지만 사업이 정체되면 상담 받기를 피하는 경우가 있다. 그러나 스폰서 파트너는 그런 경험도 가지고 있는 사람이므로 어려울수록 상담을 받아야 하고 정기적으로 받아야 한다. 상담은 특히 사업 초기에는 주 1회 이상 꾸준히 하는 것이 좋다. 사업이 더 진행되고 사업이 성장가도에 올라가도 적어도 월 1회씩은 상담을 통해 그 달의 목표와 계획을 점검해야 한다.

9. 신뢰 쌓기(좋은 인간관계 구축)

네트워크 마케팅 사업은 인간관계를 기반으로 하는 사업이며, 인간관계의 기본은 상호간의 신뢰라는 것은 상식이다. 어떤 일에서도 신뢰는 중요하지만, 튼튼한 네트워크라는 무형의 자산을 만들어 이로부터 발생되는 계속적인 자산 수입을 만드는 네트워크 마케팅 사업에서는 신뢰가 더욱 중요하다.
신뢰가 쌓여 있으면 외부에서 부정적인 일이 발생하거나 네트워크

내부에서 다소간의 갈등이 발생하더라도 흔들리지 않을 수 있다. 그래서 네트워크 안에서는 소비자와의 관계든 사업자간의 관계든 항상 신뢰로 연결되어 있어야 한다. 그런데 여기에서 의미하는 신뢰는 단순한 친목 도모와 같은 관계에서의 신뢰가 아니라 사업가로서의 신뢰를 말하는 것이다. 특히 말보다는 행동이 중요하다. 사업 파트너는 스폰서 파트너의 말을 듣는 것보다 행동을 보고 싶어 한다는 말을 명심해야 한다.

행동 중에서 가장 기본이 되는 것이 시간 약속을 잘 지키는 것이다. 스폰서 파트너나 사업 파트너와의 약속 시간은 물론 미팅 시간도 잘 지켜야 한다. 시간을 잘 지킬 때에 스폰서 파트너는 좀 더 신뢰를 가지고 더 정성 들여 도와주게 되고 사업 파트너도 신뢰를 갖게 된다.

또 자신이 한 말을 반드시 지키는 것도 중요하다. 사업자 간에도 허황될 만큼 과장된 표현 등은 자제하는 것이 좋다. 소비자에 대한 신뢰 또한 매우 중요하다. 사업자가 나와 사업이 바빠도 소비자에게 꾸준히 정성을 기울여 신뢰를 유지하고 제품을 잘 애용하도록 도와 주어야 한다. 이러한 일관된 모습에서 사업에 대한 관심이 커지고 사업자가 되는 경우도 아주 많다.

네트워크 마케팅 사업에서 다른 것들보다 중요하게 생각해야 하는 것이 있다.
사업을 하면서 항상 진실성 있게 진행한다는 걸 보여줘야 한다.
또 솔선수범을 보여줘야 한다. 네트워크 마케팅은 Win-Win 사업이라고 한다. 하지만 첫 번째로 중요한 것은 스스로 성공하는 것이다. 일단 내가 기반을 닦아 둬야 내 뒤에 따라오는 파트너들도 당신의 성공을 보고 따라 하거나 당신의 행동 하나하나를 복제하려 하기 때문이다. 당신의 스폰서나 파트너의 조언이나 상담을 통해서 방향성과 목표를 정했다고 가정하자. 그리고 어떻게 설명하고 사업을 진행하는지 다 배웠다. 사업설명을 하고 사업을 이끌기 위해서 스폰서나 파트너가 옆에서 항상 도와주는 것이 아니다 . 당신이 말과 행동 제품으로 고객을 만들고 사업으로 이끄는 것이지 항상 옆에서 대신 해주어서는 안 된다. 또한 그런 방식이 아니란 것도 명심해야 한다.

10. Smart Communication

인터넷이 급격하게 발전하며 정보의 전달 방법이 확대됨에 따라 네트워크 마케팅 사업에서의 정보 전달 방법도 변화하고 발전해 왔다.

많은 미디어뉴스나 신문이나 매체에서 인터넷은 혁명이고 세상을 바꿨다고 한다. 지금 우리는 21세기를 살아가고 IT와 온갖 정보들과 함께 살아가고 있다. 또한 전화 목소리로 연락하는 방법과 간단한 문자를 통해 대화를 하는 방법에서 지금은 SNS를 활용한 전세계인과의 의사소통과 정보교류가 이어지고 있고 전세계에 유통시장의 혁명을 이뤄낸 아마존이나 다른 쇼핑몰 사이트를 활용해 제품과 서비스를 구매하는 방법도 생겨났다.

그야말로 대격변의 시대이다. 우리는 얼마나 잘 SNS를 활용하고 있을까? 요즘 젊은 세대들은 하루도 빠짐없이 핸드폰을 하고 대화를 하고 인터넷 쇼핑을 한다. 네트워커들은 이를 최대한 이용하여 멀리 있는 사업 파트너들과 상담을 진행하고 있고 또한 같은 그룹들끼리 온라인으로 교육과 미팅도 진행한다. 시간과 공간의 제약을 받지 않고 언제 어디서든 비즈니스 진행이 가능하게 되었다. 네트워크 마케팅도 변화하는 시대에 따라 발전해야 할 것이다.

이미 활용하고 있는 부분도 많다. 그룹별 웹사이트 운영과 각종 SNS 그룹 페이지를 이용해서 훈련용 오디오 자료, 영상 자료, 사업계획서나 프레젠테이션 파일, PDF 서류 등 다운로드 자료를 활용해서 공유하는 방법으로 많이들 사용하고 있을 것이다. 이렇게 함으로써 그룹별로 정보를 얻고 높은 직급의 사업자들에게 궁금한 것들을 물어볼 수 있고 도움을 받을 수 있다.

하지만 우리는 인터넷으로 네트워크 마케팅을 활용할 때 조심 해야 할 몇 가지가 있다.

인터넷은 보안을 하지 않으면 누구나 열람 할 수 있고 누구나 글을 올릴 수 있는 정보의 장이다. 그로 인해 회사에 관련된 안티사이트와 같은 잘못된 정보를 공유하고 사실이 아닌 정보를 마치 사실인 양 꾸며 배포하기도 하는 사람들이 종종 있다는 점이다.

특히나 온라인 인터넷의 가장 큰 특징이 바로 익명성이다. 온라인에서 커뮤니티나 사람들이 모여있는 사이트에 들어가보면 대다수 95%는 본명이 아닌 익명성을 활용한 닉네임을 사용한다. 예의가 없고 상대방 존중은 커녕 공격적인 사람들이 대부분이라는 점에서 조심해야 한다.

초기사업자나 신뢰를 쌓고 있는 과정의 소비자들에겐 주의해야 한다. 아무리 공간과 시간의 제약이 없는 SNS를 활용하고 편하다는 이유로 다수를 초대해서 제품 상담이나 사업설명회를 열어서는 안 된다. 우리가 흔히 사용하는 SNS에는 오직 글과 이모티콘으로만 표현이 가능하다. 물론 사진을 올리면서 표현이 가능하겠지만 보통 그렇게 하지 않는다.

SNS로는 우리의 모든 감정을 살려 표현을 할 수 없다는 점에서 SNS는 미팅장에서 느낄 수 있는 감동과 진정성을 느낄 수 없기에 사업설명회나 제품 상담은 온라인으로 하지 않는 것이 좋다.

왜(why) 10 core 인가?

안정되고 지속적이며 탄탄한 네트워크를 만들기 위해서는 애용자와 사업자가 적절하게 균형을 이루는 것이 바람직하다. 따라서 내 시간이 허락하는 만큼 사업자를 찾아 돕는 한편 애용자를 늘려가는 것이 목표가 되어야 한다.

 네트워크 마케팅 사업은 기본적으로 복제 사업이다. 복제를 통해 자신이 구축한 시스템 안에 다른 파트너들을 편입시켜 수익 구조를 확장시키고, 인세수입을 얻는 일이다.

즉 네트워크를 구축해 나가는 게 네트워크 마케팅 사업이다.

사업자는 사업설명(7)을 해서 찾는 것이고, 애용자는 제품설명을 해서 소비자 만들기(6)로 찾아야 한다. 훌륭한 사업설명을 하기 위해서는 사전 학습이 필요하므로 책(2)을 읽어야 하고 오디오를 들어야(3) 하며 미팅 참석(4)을 통해 계속 학습하면서 사업설명 안을 다듬어야 한다. 부정적인 프로스펙트들을 만나서, 그간 가지고 있던 열정을 빼앗기지 않으려면 10 core의 기본 책, 음원, 동영상, 미팅 참석은 더욱 중요하다. 미팅을 통해 새로운 활력을 넣고 책과 성공 스토리 음원을 통해 열정을 유지해야 한다.

소비자를 만들기 위해서는 우선 사업자 스스로가 먼저 제품에 대한 직접 경험이 있어야 하므로 제품을 100% 애용(5)해야 한다. 이 부분도 앞서 이야기 했듯이 내가 직접 경험이 있어야 어떤 제품이 좋고 나쁨을 알 수 있기에 전 제품을 이용 할 수 있도록 하자, 동시에 제품에 대한 학습도 중요하므로 책, 음원, 동영상, 미팅 참석이 요구된다.

이러한 모든 과정은 스폰서 파트너와의 상담(8)에 의해서 올바른 방향을 잡아 갈 수 있으며, 기존 사업자와 애용자는 물론 프로스펙트들과도 신뢰(좋은 인간관계)가(9) 기반이 되어야 한다.

사람과 사람과의 관계는 에너지를 주고 받는 것이다. 나의 활기 넘치는 에너지가 전달될 때 프로스펙트들에게도 마음이 열릴 가능성이 커지며 프로스펙트의 막연한 부정적인 인식도 나의 에너지로 덮을 수 있다는 것이다. 정신적인 에너지는 신체적인 에너지가 바탕이 된다. 체력 단련(1)이 가장 중요한 이유다. 네트워크 마케팅에서 성공하려면 그리고 성공했더라도 건강을 잃으면 모든 것을 잃는 것인데 의미가 있는가? 건강이 가장 중요하다.

제 3장

네트워크 마케팅 프로세스

1. 사업 시작하기 (Getting Started)
2. 꿈 가꾸기 (Dream Building)
3. 목표 세우기 (Goal Setting)
4. 명단 작성 (List Building)
5. 만남과 초대 (Contact and Invite)
6. 사업설명 (Show the Plan)
7. 지속적인 지원 (Follow Up & Follow Through)
8. 사업 키우기 (Creating Volume)
9. 의사 소통 방법 (Communications)
10. 자세와 자기이미지 (Attitude & Self-Image)

제 3장
네트워크 마케팅 프로세스

네트워크 마케팅 사업 시스템은 10 core 와 프로세스로 구성되어 있다. 기본, 요점, 핵심 등을 잘 지켜서 프로세스를 이루어야 네트워커로서의 성공에 이를 수 있을 것이다.

네트워크 마케팅 사업을 진행하는 데에 있어서 가장 중요한 것은 꿈, 즉 이 사업을 하는 이유(Why)다. 누구나 꾸준히 하면 되는 사업이라 할 때에 What에 해당하는 것이 10 core 라면, 프로세스는 사업을 어떻게 진행하는지 그 방법을 알려주는 How to에 해당하는 것으로 이해할 수 있다.

프로세스는 네트워크 마케팅 사업을 성공적으로 진행해 크게 성취하기 위해서는 누구나 꼭 알고 지속적으로 익혀야 할 10가지 주제로 구성된 시스템의 핵심 내용이다. 그러므로 네트워커는 프로세스를 학습한 후에 사업을 본격적으로 진행하는 것이 좋다.

또 사업 파트너에게도 프로세스에 대한 학습없이 성급하게 사업을 진행하기 보다는 이것을 충분히 익힌 후에 진행하도록 하는 것이 좋다. 안정되고 지속 가능하도록 네트워크를 성장하기 위한 가장 효율적인 방법이기 때문이다.

프로세스의 10가지 주제는 다음과 같다.

01 사업 시작하기 (Getting Started)
02 꿈 가꾸기 (Dream, Building)
03 목표 세우기 (Goal Setting)
04 명단 작성 (List Building)
05 만남과 초대 (Contact and Invite)
06 사업설명 (Show the Plan)
07 지속적인 지원 (Follow Up & Follow Through)
08 사업 키우기 (Creating Volume)
09 의사 소통 방법 (Communications)
10 자세와 이미지 (Attitude & Self Image)

1. 사업 시작하기 (Getting Started)

사업 시작하기는 사업을 시작하기 전에 먼저 갖춰야 할 마음 가짐과 자세 그리고 초기에 준비해야 할 내용들이다.

● 꿈을 가시화

우리는 언젠가 자신이 꿈꿔 왔던 꿈들을 이룰 수 있다는 믿음으로 일을 하고 있다.

꿈은 우리의 원동력이다. 꿈이 없다면 살아갈 의미가 없고 살아도 생기 없는 삶을 살고 있을 것이다. 우리가 우선적으로 해야 할 것은 자신이 원하는 것을 분명히 하는 것이다.

이 사업을 통해 자신이 이루기를 원하는 것 즉, 꿈을 설정한다. 구체적으로 꿈의 목록(Dream List)을 작성하는데 처음에는 유치해 보이는 것까지 아주 구체적으로 적어 보는데, 사업이 성장하면서 수입이 늘어날 것을 생각해서 단계별로 작성하면 좋다. 꿈은 마음 속에 간직하는 것도 좋겠지만, 눈에 띄게 가시화하는 것이 훨씬 더 강한 효과를 가지고 있다.

● 사업에 대한 확신

네트워크 마케팅 사업 전반에 대한 확신이 중요하다. 특히 이 사업의 크기와 가치를 충분히 인식해서 긍정적이든 부정적이든 초기의 결과에 현혹되지 않아야 한다. 회사와 제품 및 마케팅 플랜에 대해서는 물론 회사 시스템에 대해서도 확신을 가져야 한다. 확신은 정확한 지식에서부터 비롯되는 것이므로 지식을 갖기 위해 초기에 충분히 공부하고 점검해야 한다. 그리고 또 누구와 관계를 맺을 것인가가 중요한데 물론 스폰서 파트너와의 관계가 가장 중요하며 스폰서 파트너에 대해 열린 마음으로 겸손한 자세를 유지해야 한다. 스폰서의 의견을 존중하며 모르는 것이 있으면 물어보고 비즈니스 관련 상담을 요청하도록 하자. 프랜차이즈 가맹점을 개업할 때 프랜차이즈 본사는 일정 금액의 가맹비를 받는다. 하지만 여러분의 스폰서는 아무 대가 없이 자신만의 노하우를 하나라도 더 알려주려고 할 것이다. 네트워크 사업은 팀워크 사업이며 Win-Win 사업이기 때문이다.

● 결단

확신이 있으면 결단이 가능하다. 결단은 네트워크 마케팅 사업이 좋아 보이니 한 번 해보겠다는 식의 생각이 아니라 성취할 때까지 꾸준히 열심히 진행하기로 마음을 먹는 것이다.
사업을 시작할 때와 같은 마음을 끝까지 유지할 수 있는 기계 같은 마음이었다면 특별한 결단과 큰 미팅을 통해 마음을 다 잡는 반복적인 행동이 필요 없었을 것이다.
하지만 우리는 그 꾸준할 것이라는 마음이 다른 사람들로 인해 흔들리거나, 사업이 원하는 만큼 되지 않을 때 흔들리기 쉽다. 그러기에 앞서 이야기 했듯이 매번 미팅에 참여하여 잘못된 마음을 다 잡고 스폰서에게 상담을 받아 정확한 방향으로 나아가야 한다. 그런 결심 결단을 하자는 이야기다. 또한 미래를 대비하기 위해 회사의 시스템을 지혜롭게 활용하는 것이다.

네트워크 마케팅 사업은 자본을 투자하지 않는 대신 시간과 노력을 투자하는 사업이다. 따라서 자신에게 주어진 24시간을 어떻게 쓰느냐가 사업의 성패를 좌우한다. 그러므로 우선 순위를 정해 유보할 것은 유보해야 한다. 특히 네트워크 마케팅 사업을 제 2사업으로 진행하는 사업가는 네트워크 마케팅 사업에 최대한 많은 시간을 할애할 수 있도록 우선순위를 부여해야 한다.

성공한 네트워커들은 공통적으로 네트워크 마케팅 사업은 자본금으로 투자한 사업이 아니라 시간을 투자한 사업이라고 말한다. 성공자들은 자신의 시간을 가장 효율적으로 사용 할 수 있도록 노력했고 항상 꾸준히 하겠다는 마음을 먹었다고 한다. 이와 함께 정확한 개념을 공부함으로써 철학을 발견하는 것도 매우 중요하다. 단순한 나의 이익만을 추구하는 마음으로는 Big Business를 계속하기 힘든 경우가 많기 때문이다.

● 변화와 대가(Pay the price)

사업을 잘 진행하기 위해서는 네트워크 마케팅 사업에 필요한 모습으로 변화해야 하며 이것을 위해서는 필요한 대가를 기꺼이 지불해야 한다. 사업을 진행하다 보면 지금보다 더 바쁘게 시간을 보내야 하는 상황이 있을 것이고, 자녀들에게 소홀한 것 같은 상황도 생길 수 있으며 주변 사람들의 오해도 있을 수 있다. 그러나 성공자의 모습을 그리며 고정관념과 나쁜 습관 및 부정적인 사고를 이겨나가는 방향으로 변화할 때에 네트워크는 성장할 것이다.

네트워크 마케팅 사업은 시간을 투자해서 배워야 하고, 다른 사람

을 만나 사업과 제품을 전달해야
하는 사업이므로 시간 확보에 방
해가 되는 행동은 버려야 한다.
예를 들어 친구나 회사 동료와의
의미 없는 술자리나 필요하지 않
은 TV 시청, 주말이라고 늦잠을

자는 나쁜 버릇은 사업 시작과 함께 멀리하고 네트워크 마케팅 사
업에 우선 순위를 두어야 한다. 내가 CEO이고 내가 물류 창고다.
소비자들이 한번 주문 했다고 2번 3번 계속해서 주문 하지 않는다.
필요한지 다시 물어보고 확인해야 재구매가 일어난다.

● 초기에 준비할 일

구체적으로 초기에 준비할 사항들은 다음과 같이 정리할 수 있다.
마음 가짐이 중요하다. "나의 사업"이라는 자세를 항상 유지해야
하며 시스템과 스폰서 파트너와의 상담대로 진행하겠다는 자세를
갖춰야 한다. 성실하며 침착한 성공자의 모습대로 조급하게 생각하
지 말고 특히 처음 3개월 간의 집중이 매우 중요하다. 비행기도 이
륙하기 위해서는 많은 연료를 쓰며 일정한 속도를 내듯이 초기에
집중하는 것이 빠른 성장의 밑거름이 된다.
사업 진행을 위해 준비하고 계획하는 것이 중요한데 초기에 가장
중요한 것은 미팅참석에 대한 계획이다. 물론 모든 미팅을 참석하
는 것이 가장 좋지만 아직은 그렇게 할 수 없는 상황도 있을 수 있
으므로 계획을 세워야 한다. 그런 다음 사업 설명안을 준비하고, 책
과 오디오, 동영상 등 사업 보조자료를 정성껏 준비해야 한다.

● 초기에 할 일을 정리하면

- 꿈을 작성하여 가시화
- 제품 애용 계획
- 명단 구축
- 만남과 초대 방법 학습 및 연습
- 스폰서 파트너의 도움을 받아서 하는 첫 번째 홈미팅 준비
- 스스로 할 수 있도록 사업설명을 준비
- 10 core 시작

특히 충분히 사업을 이해하지 못 하고 있는 초기에 유의해야 할 점이 여러가지 있는데 다음과 같다.

● 사업 초기에 유의할 사항

01_ 잘 모르는 주위 사람들에게 묻지 않기!

어떤 일에 성공하려면 그 일에서 성공한 사람에게 물어야 한다. 성공한 사람들은 성공과 실패의 이유와 방법을 모두 알지만, 실패한 사람들은 성공의 방법을 알지 못한다. 몇 사람에게 떠보듯이 사업을 검토하시 말고, 시스템 안에서 스스로가 정확히 공부하고 확신을 가져야 한다.

02_ 자기 방식(MY WAY)으로 사업 하지 않기!

많이 배운 사람일수록 자기 나름대로 진행하려다 어려움을 겪는다. 수 십년간 축적된 성공 노하우를 배우고 먼저 시작한 스폰서 파트너를 따라 하여야 성공할 수 있다.

03_ 전화로 사업설명 하지 않기!.

큰 사업을 전화로는 충분히 설명할 수 없다. 어설픈 설명으로 알아보기도 전에 마음의 문을 닫아 버릴 수 있기 때문에 전화로는 초대

만하고, 반드시 만나서 진지하게 사업을 제대로 보여주어야 한다. 특히 핸드폰 문자나 이메일로 대화하는 잘못을 범하지 않기 바란다. 네트워크 마케팅은 Human-touch 사업이다.

04_ 동창회, 계 모임 등 모임에서 전하지 않기!

급한 마음에 쉽게 진행하려고 사람이 많이 모인 곳에서 전하려 하지만, 모임 그 자체의 성격을 존중해야 한다. 한꺼번에 얻으려는 욕심으로 하다 보면 모두 다 잃는다.
이 사업은 각 개인의 소중한 꿈을 찾아주는 사업이다. 한 분 한 분 제대로 정확하게 보여 줄 때 비로소 이해할 수 있는 사업이다.

05_ 상대방의 동의 없이 무작정 사업설명에 초대하지 않기!

무작정 사업설명 장소에 데리고 와서 불편한 자리를 만들어서는 안된다. 어떤 내용인지 모르는 상태에서 만났다고 하더라도 사업 설명시작 전에는 반드시 초대한 이유를 설명하여 들을 마음을 가지고 듣게 하는 것이 초대한 사람에게 기회를 제대로 주는 것이다.

06_ 후원보다 미팅이 우선!

초기에 흥분된 마음에 많은 사람들을 후원하러 다니기도 한다. 그러나 어떤 경우라도 시스템 미팅과 중복될 경우 미팅을 우선하여 참석해야 한다. 후원보다 자기확신을 지켜나가는 것이 훨씬 중요하기 때문이다.

07_ 자신보다 나은 건강한 꿈과 비전이 있는 사람 후원하기!

처음 사업 시작할 때 만만한 사람들이나, 형편이 어려운 사람들을 초대하기가 쉬울 수 있지만 이 사업은 굉장히 큰 성공을 거두는 빅 비즈니스이다. 후원 대상은 나보다 성실한 사람, 유능한 사람, 부지런한 사람, 무엇인가 찾고 있는 사람들을 먼저 후원하는 것이 좋다.

08_ 사업가다운 용모와 복장을 갖추기!

큰 사업에 어울리는 용모와 복장을 갖추어야 한다. 성공한 네트워커가 된다는 것은 풍족하고 지속적인 자산가치를 소유하게 되는 것과 같다. 빅 비즈니스를 하는 사업파트너를 만나는 사업이라면 사업가다운 단정하고 자신감 있는 모습을 갖추어야 할 것이다.

09_ 주변의 부정적인 이야기 듣지 않기!

이 사업을 알지 못하는 사람들의 안티 사이트등의 근거 없는 이야기, 객관적이지 못하고 왜곡된 언론의 보도 등에 현혹되지 않아야 한다. 잘 모르는 사람들이 생각 없이 내뱉는 이야기에 현혹된다면 소중한 기회를 잃을 수 있다. 내가 정확히 조사하고 검토해야만 당당한 나의 사업이 될 수 있다.

10_ 부부 후원을 중심으로 전하기!

후원하면서 부부를 같이 초대할 수 있도록 해야 한다. 배우자가 한 명만 듣고 집에 가서 직접 설명한다면 오해로 인해 불화가 생길 수 있다. 대부분 제대로 설명을 못하고 가정 내에서 언성만 높아지기 쉬우므로 처음부터 부부를 같이 후원하는 게 좋다.

모든 성공적인 업적은 꿈으로부터 비롯 되었다. 뛰어난 지능이나 특출한 재능을 물려 받았어도 간절한 꿈과 함께 해야 성공의 가능성이 높아지며, 재능을 타고 나지 못했어도 생생한 꿈과 그것을 이룰 수 있다는 확신이 있으면 성공의 문이 활짝 열리는 것이다.
Dream Building이란 제목에서처럼 단순히 꿈을 꾸는 것에 그치지 않고 꿈을 만들어 간다는 의미를 가지고 있는 것으로 이해할 수 있듯이 꿈도 학습과 훈련을 통해 크고 멋진 꿈을 만들어 낼 수 있는 것이다.

2. 꿈 가꾸기 (Dream Building)

사업을 진행하는 전 과정에 걸쳐 꾸준히 꿈을 만들어 쌓아 올리는 데 힘써야 한다.

꿈은 성공의 첫 단계로서 원하는 목적을 달성하기 위해서는 다음과 같은 과정을 거친다. 어떤 단계에서도 앞으로 잘 나아가지 않을 때에는 다시 첫 단계인 꿈으로 돌아와서 시작해야 한다. 꿈은 우리를 이끌어 가고 움직이는 원동력임을 다시 한번 기억해야 한다.

● 사업 목적을 달성하는 과정 (The Achievement Process)

① 욕구와 꿈 (Desire & Dream)
   본인이 원하는 것을 분명히 한다.

② 목표설정 (Goal)
   사업에 있어서 달성하고 싶은 목표를 분명하게 설정한다. 꿈에 시한을 설정한 것이 목표이다.

③ 계획수립 (Plan)
   구체적인 계획을 세운다. 목표를 더욱 잘게 나누면 계획이 된다.

④ 믿음 (Believing)
   믿음도 단순한 믿음이 아니라 믿음을 키워가는 과정 즉, "믿기"에 가까운 의미이다. 영어로도 believing이라 표현하고 있다.

믿음은 아주 중요한 과정으로 회사와 회사의 마케팅 플랜 및 제품에 대한 믿음이 반드시 필요하다. 따라서 면밀히 검토하고 공부해야 한다.

그 다음은 사람에 대한 믿음이 중요한데 그 중 가장 중요한 것은 자신에 대한 믿음 즉, 자신감이다.

⑤ 행동 (Action)

위의 4 단계를 충실히 거친 다음 단계가 바로 행동이다. 행동은 10 core를 하는 것이라 생각하면 된다.

● 꿈은 왜 중요한가?

꿈은 이루어진다.

'설레고' '가슴이 뛰고' 무엇인가 열정이 생긴다. 이러한 느낌과 감정이 생겨나는 것이 바로 꿈이다. 꿈은 자신의 내면의 소리이자 삶의 목적지와 같다. 여러 표현이 있지만 내 가슴이 뛰는 것 하나만으로 충분한 것이 바로 꿈이다.

인생에서도 꿈이 있어야 원하는 목적지를 가짐으로 나아갈 수 있다.

만약 이루고자 하는 목적이 없다면 그저 바다 위를 표류하는 배와 같을 것이다. 하지만 성인이 되어 '당신의 꿈이 무엇입니까?'라는 질문을 받으면 새삼스럽고 생소하고 유치하게 들릴 수 있다. 누구나 어린 시절에는 꿈이 있지만 학창 생활의 과도한 학업 부담에 따른 스트레스, 군복무나 직장생활 또는 가족간의 갈등을 겪으면서 수없이 많은 부정적인 자극을 받으며 일상생활에 시달리다 보면 꿈은 먼 옛날 한 때의 추억 거리에 불과한 것으로 치부되기 때문이다. 그래서 꿈을 현실과는 거리가 먼 호사로 생각하는 성인들이 많다.
그러나 누구나 꿈을 가지고 있다. 그것이 가슴 속에 깊게 자리 잡고 있어 밖으로 드러나지 않을 뿐, 꿈은 가슴 속에 있다. 즉, 때때로 듣지 못하고 있지만 언제나 자신의 내면에서 울리는 소리가 꿈이다. 나를 위해 또 가족을 위해 나아가서 사회를 위해 하고 싶은 가치 있는 일이다. 내면의 소리에 귀 기울이면 진정한 자신, 참 나를 만날 수 있다.
이러한 꿈은 사업 진행 과정에서 만나는 장애를 극복할 수 있는 힘이 되므로 사업적으로도 매우 중요한 것이다. 어떤 성공한 사람들도 다른 모든 사람들과 같이 많은 어려움을 겪은 사람들이다. 성공하지 못한 사람들과 다른 점은 어떤 어려움에도 포기하지 않고 꿋꿋하게 견뎌냈다는 것이다. 어려움을 견뎌낼 수 있게 하는 힘이 바로 꿈이다.

● 꿈은 어떻게 꾸는가?

"Wake Up and Dream" 즉, 깨어나 꿈꾸라는 제목의 책이 있다. 진정한 꿈은 정신을 바로 세워 앞날을 내다 보는 것이다.
꿈은 구체적이고 간절해야 한다.
꿈은 구체적일수록 강하고 지금 당장 이루고 싶은 것일수록 행동으로 옮기게 된다. 즉, 꿈을 꾸는 데에도 자신이 그것을 이루고 싶은 강도와 시한이 중요하다.
구체적인 꿈을 갖기 위해서는 연습이 필요하다. 예를 들어 갖고 싶은 것, 가고 싶은 곳, 하고 싶은 것들을 구체적으로 떠올려 보거나, 각각의 목록을 시간대별로 정리해 보고 주기적으로 반복하면 구체적이고 간절한 꿈을 찾을 수 있다. 꿈을 꾸는 것도 노력이 필요한 학습 과정으로 이와 같은 연습을 반복하다 보면 지금 생각하지 못하고 있던 것도 떠올리게 돼 자신의 내면에서 진정으로 원하는 것을 발견하게 된다. 꿈은 사업을 진행하는 데에 흔들리지 않는 매우 강한 힘을 발휘한다.

● 꿈은 커야 한다.

이러한 과정을 계속하는 가운데 커진 꿈은 어느 한 순간 떠올린 꿈과는 다르게 꿈을 이룰 수 있다는 확신이 아주 크다는 점에서 차이가 있다. 큰 꿈은 사업적으로도 훨씬 강하고 적극적인 행동을 가능하게 해주어 어떤 장애도 넘어설 수 있게 해 준다. 반면 꿈이 작으면 확신도 적고 행동도 덜 하게 되어 지인의 거절과 같은 아주 작은 장애도 넘어서기 어렵게 될 수 있다.

● 꿈은 가시화해야 한다.

꿈을 갖고 있어도 바쁜 일상 속에서 꿈에 집중하기는 어려우므로 꿈을 언제나 선명하게 품고 있기 위한 방법이 필요하다. 우선 꿈의 목록을 적어 수첩에 넣고 다니면서 늘 보거나 집 안에 언제나 잘 볼 수 있는 냉장고 문이나 거울, 방문 안 쪽 등에 그림을 붙여 놓는 방법들을 실제로 해보면 상상할 수 없는 힘이 발휘된다는 것을 실제로 느낄 수 있다.

3. 목표 세우기 (Goal Setting)

목표 세우기는 꿈을 구체화하는 첫 번째 과정이다. 출근하기 위해 아침에 교통수단을 선택하는 것도 저녁 식사를 위해 주부가 메뉴를 정하는 것도 모두 목표가 있는 행동인 것처럼 모든 의미 있는 일은 목표가 있어야만 가능한 것이다.

목표와 꿈의 차이는 시한 개념이다. 즉, 꿈에 그것을 달성하기 위한 시한을 설정한 것이 목표다. 어떤 일이든 결국은 행동을 통해서만 성취할 수 있는 것인데, 시한을 설정했다는 것은 행동을 전제한 것이므로 꿈보다는 목표가 행동에 더 가까이 있는 것이다. 네트워크 마케팅 사업도 '막연하게 열심히'해서는 성공하기가 어렵다. 그러므로 목표를 세우는 것은 성공을 향해 가는 아주 중요한 단계이다.

● 목표의 요건

① 목표는 크게 세운다.

사업에 대한 뜨거운 열정을 가지고 열심히 노력해야 이룰 만한 아주 큰 목표 일수록 좋다.

큰 꿈과 연결된 큰 목표는 그에 걸맞은 충분한 행동을 가능하게 하기 때문이다.

② 현재 상황을 고려한다.

현재의 상황을 정확하게 인지한 다음 인생의 최종 목적지를 찾아야 한다.

③ 장기적인 목표를 가져야 한다.

장기적인 목표를 가지고 있으면 단기적인 어려움이나 귀찮음을 극복하기가 훨씬 쉽다. 예를 들어 적어도 높은 핀을 목표로 하고 지금 내가 높은 핀이라면 어떻게 행동할까를 생각하면 오늘 미팅을 참석할까 말까 같은 작은 문제들은 처음부터 문제가 되지 않는 것과 같은 이치다.

또 장기적인 목표는 옳은 방향으로 진행하도록 해준다. 넓은 눈밭에서 똑바로 발자국을 내려면 눈 앞의 발을 내려다 보고 걷는 것이 아니라 멀리 보고 걸어야 하는 것과 같다. 장기적인 목표는 단기적인 성공과 실패에 흔들리지 않게 하기 때문에 옳은 방향으로 갈 수 있게 도와준다.

④ 인생목표를 구분한다.

인생은 그래프로 그리면 일자로만 가지 않는다. 내려가는 곳이 있으면 반드시 올라가는 길도 있다. 물론 내려가는 동안 올라가려 하는 노력을 하지 않는다면 끝없는 추락만 있을 뿐이라, 인생을 살면서 모든 인생목표를 파트별로 나눠서 관리한다.

⑤ 구체적이고 간절한 목표를 가져야 한다.

구체적인 목표는 목표에 대한 간절한 마음을 갖게 해주고 간절한 목표는 능력보다 더 큰 힘을 발휘할 수 있게 하여 생산성을 높게 해 준다. 이와 함께 매일의 목표, 즉 행동 계획(Action Plan)으로 연결될 수 있는 목표를 가지는 것이 좋다.

다음은 하버드 대학에서 강의하는 시간관리 비법이다.

1. 자신을 믿고 목표를 쉽게 포기하지 말자. 성공에는 지름길이 없다. 꾸준함만이 답이다.
2. '지금 하고 있는 게 목표 달성에 가까워지기 위한 일인가?' 아니라면 '어떠한 일을 해야 할까?' 라고 매일 생각해보자.
3. 목표를 세웠다면 바로 행동으로 옮겨라. 자신의 목표를 위한 계획에 엄격해져라.
4. 목표를 달성할 때마다 평가해보자. 잘한 것과 부족한 것이 무엇인지 찾아보고, 어떻게 개선해야 하는지, 목표와 계획에 보완해야 할 부분이 있는지도 고려해보자.
5. 목표를 달성할 때마다 자신에게 선물을 주자.
6. 불확실할 때는 훌륭한 사람 혹은 경험이 풍부한 사람에게 적극적으로 도움을 청하자.

SMART(효과적인) 목표의 특징

구체성(Specific) 무슨 일을 해낼 것인지 정확하게 표현하고 있다.
측정가능성(Measurable) 확실한 사건과 날짜가 정해져 있다.
행동지향성(Action-Oriented) 해야 할 일들을 확실히 정하고 있다.
현실성(Realistic) 주어진 여건에 상관없이 이룰 수 있는 목표다.
적시성(Timely) 허용된 시간이 합리적이고 너무 길지 않다.

● 행동 원칙

목표를 세웠다면 바로 행동으로 옮기라 했다. 이유는 간단하다. 목표를 세워도 행동하지 않으면 아무 소용이 없다. 당장의 실현 가능한 목표 설정과 내일이나 다음주 다음달부터 시작한다면 당장 세웠던 목표 달성에 차질이 생기기 마련이다. 네트워크 마케팅 사업은 회사와 같은 조직 생활이 아니라 모두가 사업가(Business Owner)이기 때문에 목표를 이루어가기 위한 스스로의 행동 원칙이 반드시 필요하다.

첫째, 시스템대로 한다. 시스템은 자신은 물론 큰 네트워크를 형성하는 것이 가능하도록 하는 궁극적인 힘이므로 시스템대로 해야 한다. 자신의 마음대로 하는 이른바 'My Way'는 금물이다.

둘째, 상담대로 행동한다. 스폰서는 나보다 성공의 경험은 물론 실패의 경험도 많은 사람이므로 상담대로 할 때에 시행착오를 줄여서 빨리 성장할 수 있다. 상담은 하고 그대로 행동하지 않는 경우도 있는데 이것은 위험한 일이다.

셋째, 꾸준히 한다. 네트워크 마케팅 사업은 흔히 초기에는 그 결과가 잘 보이지 않고 거절도 많이 당하기 때문에 초기일수록 꾸준히 진행하는 것이 어려울 수 있다. 그러므로 결과에 초연하게 꾸준히 진행한다는 것을 행동의 원칙으로 삼는 것이 좋다.

● 사업 목표 수립

네트워크 마케팅 사업의 목표를 수립하는 데에는 사업 초기부터 어떤 핀을 언제까지 달성할 것인지 구체적이고 장기적으로 수립해야 하며, 목표를 세우기 전에 다음과 같은 점을 미리 유의하면 좋다.

첫째, 도전적인 목표를 세우고 실패를 두려워하지 않아야 한다.
도전이란 가만히 있는 어떤 대상에 싸움을 거는 것이다. 가만히 있는 자기 자신에 싸움을 거는 것이 도전이라는 말이다. 실패는 성공의 어머니, 실패는 또 다른 성공이라고 우리는 실패를 두려워하지 않고 항상 도전하는 그러한 목표를 세워야 한다.

둘째, 허황되지 않도록 한다.
목표는 자신의 것이지만 상담에 의해 목표를 세워야 한다. 목표를 달성하기 위해서 어떤 행동과 노력이 들어가야 하는지를 알지 못하고 목표를 세우면, 작은 장애를 만나도 행동으로 옮겨지지 않을 수 있으므로 달성할 수 없는 허황된 목표가 된다

셋째, 목표를 주도해야 한다.
목표는 자신이 원해서 세운 것인 만큼 자신이 목표를 주도해야 한다. 만약 충분히 생각한 후에 결정한 목표가 자신의 진짜 목표가 아니라면 목표에 짓눌려 사업에 대한 흥미와 열정을 잃을 수 있다.

● 초기 사업자를 위한 목표 설정

초기 사업자는 사업을 본격적으로 시작하기 위해 매일매일 성실히 10 core를 실천하면서 다음과 같이 목표를 세운다. 특히 초기 사업자들은 목표를 설정할 때 상담을 통해 스폰서와 함께 만들어보는 걸 추천한다.

① 가장 기초적인 항목들로써 자신의 사업 아이템을 확보하기 위한 전제품 애용, 즉 Brand Change와 자신의 사업 Tool 구축 및 미팅 참석 등 시스템에 조인할 목표를 세운다.
② 3개월 이내에 성취할 수 있는 목표를 세우도록 권한다. 이 목표를 위해서는 제품 애용 및 이용과 애용자의 확보가 필요하다.
③ 스폰서 파트너의 도움을 받는 홈미팅 계획이다. 홈미팅은 처음에는 홈미팅을 주재할 능력이 부족하므로 스폰서의 도움을 받는다. 그러므로 주저하지 말고 최대한 빨리 홈미팅을 하는 것이 좋다.
④ 이와 함께 최소 월간 10회 이상의 사업설명과 시스템 미팅에 초대를 목표로 설정한다.

4. 명단 작성 (List Building)

명단 작성은 행동의 첫 번째 단계로서 네트워크 마케팅 사업을 알려줄 명단을 만드는 것이다. 그러나 단순히 처음에 사업을 같이 할 것으로 생각되는 사람 몇 명의 이름을 적는 것이 아니다. 처음 머릿속에 떠오르는 몇 명의 명단을 가지고 바로 사업설명을 했다가 거절을 받으면 마음의 상처를 받아 사업을 포기하게 되는 경우도 있다. 그러므로 명단은 초기부터 정성을 들여 작성해야 한다.

● 명단 작성의 중요성

네트워크 마케팅 사업은 누구나 동일한 확률을 가지고 있다는 의미에서 확률 사업이라고 할 수 있다. 어떤 사람을 만나서 사업설명을 했을 때에 사업에 관심을 갖는 정도는 동일하다는 의미다. 그러므로 원하는 목표를 성취하기 위해서는 많은 사람에게 사업설명을 할수록 가능성이 커지고, 가능한 한 많은 명단이 중요한 것이다. 네트워크 마케팅 사업은 자본이 필요 없는 무자본 사업인데, 명단은 이 사업에서 유일한 자본이므로 자본을 충실히 준비 해야 한다.

충분한 명단이 있으면 목표와 계획의 수립이 가능하다. 긴 안목을 가지고 아주 큰 목표를 세워 놓았다 해도 행동으로 이어져야만 결과를 얻을 수 있는데, 행동을 하려면 계획이 세워져 있어야 하고 이 때에 반드시 필요한 것이 명단이다. 명단이 사업을 가능하게 하는 궁극적인 힘인 것이다.

네트워크 마케팅 사업은 무자본, 무위험 사업이지만 사업을 진행하다가 그만두게 되는 치명적인 위험이 있다. 자본 투자가 없었기 때문에 오히려 주변 사람들의 거절과 같은 아주 작은 장애를 만나도 쉽게 그만 둘 위험이 있는 것이다. 명단이 있고 그에 따른 사업의 계획이 세워져 있으면 또 다시 사람을 만나는 행동을 할 수 있으므로 사업을 포기할 위험을 줄일 수 있다.

이러한 세 가지 이유에서 명단은 매우 중요하다. 유의해야 할 것은 지금 머릿속에 떠올릴 수 있는 사람들이 나의 명단의 전부가 아니라는 것이다. 명단은 계속적으로 만들어 가는 것이고, 그것이 명단 작성을 List Building이라고 표현하는 이유다

● 명단 작성의 자세

명단을 작성할 때에는 선입견이나 예단을 배제해야 한다. 내 생각으로 지금 사업을 할 수 없는 이유가 동시에 사업을 해야 할 이유이기도 하기 때문이다. 예를 들어 육아 때문에 시간이 없는 사람도 아이를 더 잘 키우기 위해서는 몇 년 후에 더 많은 수입이 필요하다고 생각할 수 있고, 매우 바쁘게 사는 사람은 그 바쁜 생활을 벗어나기 위해 이 사업이 필요할 수 있다. 현재 성공적으로 사업을 하고 있거나 고액 연봉을 받는 직장인일수록 미래를 대비하기 위해 추가적인 기회를 찾는 경우가 많다.

명단을 작성하는 목적은 사업을 함께 하려는 것이지만 그것은 결과적으로 그렇게 되는 것이고 처음에는 소비자가 될 수 있는 사람을 생각하면 된다. 사업을 할 것 같지 않아 보이는 사람도 누구나 제품은 쓰며 또 누구나 추가 수입은 필요하다는 점을 늘 기억해야 한다.

네트워크 마케팅 사업은 기회를 찾는 사람을 찾는(Looking for Lookers) 사업이라 한다.

다시 말하면 기회는 내가 가지고 있으므로 나를 찾는 사람을 찾는 사업이라는 얘기다. 5만 원권 한 장씩을 줄 명단을 쓴다면 엄청나게 많은 명단을 작성할 수 있을 것인데, 네트워크 마케팅 사업은 5만 원권으로는 비교할 수 없는 엄청난 기회와 가치가 있다는 점을 생각하면 충분히 많은 명단을 만들 수 있다. 다만, 사람들이 처음에는 사업의 가치를 그만큼 크게 보기 어려운데, 이러한 점을 먼저 우려해서 명단을 작성하는 데에 주저할 이유는 없다.

● 명단 작성 방법

명단 작성에서 가장 중요한 것은 "노트에 명단을 쓴다"는 것이다. 휴대 전화에 저장되어 있는 명단이나 우리 사업과 무관한 이유로 정리돼 있는 명단은 "명단"이 아님을 유의해야 한다. 사업을 생각하면서 적어 놓은 것만이 사업의 명단이다.

● 그룹별로 분류하여 작성

그냥 생각나는 대로 적으면 명단을 충분히 많이 적기 어려우므로 미리 그룹별로 분류하여 명단을 작성하는 것이 좋다. 다음과 같은 그룹을 생각하면서 우선은 그룹별로 이름을 나열한다.

● 명단 작성 시 참고할 그룹 분류

명단 작성이라고 어렵게 생각할 것 없다. 가족, 친척, 친구, 초등학교·중학교·고등학교·대학교 동창생, 선배, 후배, 군대동료, 이웃, 업무상 관련자, 전 직장 동료, 종교, 동호회, 모임, 자주 만나는 사람, 주위의 직업별분류, 연말에 문안 인사 보내는 사람 등 내가 팔로업 할 수 있는 사람이거나 이 사업이 필요하다고 생각되는 사람 누구나 작성할 수 있다.

● 명단 별로 정보를 정리

명단 작성 양식에 따라 정보를 정리한다. 중요한 정보인 이름, 관계, 성별, 직업, 전화번호, 나이, 거주지 등의 인적 사항들을 먼저 적어 넣는다. 다음으로는 더 상세한 정보를 추가해 정리한다. 예를 들어 경제상황 및 가족에 대한 정보 특히 배우자에 대해서는 최대한 상세한 정보를 적고, 평소에 긍정적인 사람인가와 주위에 신뢰 정도는 어떤가, 또 성취 동기가 큰 사람인가 등의 성품에 관한 사항도 자세하게 적는 것이 좋다.

정보가 추가되어 완성된 명단에 따라 우선 순위를 정한다. 주위 사람들에게 신뢰가 높은 사람, 개방적인 태도, 생활 필수품을 충분히 사용하는 수준의 연령, 대략 2시간 이내의 거리, 평균 정도의 경제 상황, 나와의 친밀도 등을 기준으로 우선순위를 부여한다.

● 재분류

우선 순위가 부여된 완성된 명단에 따라 20~30명의 명단을 선별한다. 이것은 1~2개월 내에 사업설명을 할 명단을 결정하는 것이다. 이후의 모든 과정은 스폰서와의 상담에 따라 진행하는 것이 좋다. 상담에서는 가상의 초기 네트워크 모양(이를 Los Map이라고 한다)을 그려서 1:1미팅 혹은 부부:부부의 미팅을 할 것인지, 스폰서와 동행하는 2:1 미팅을 할 것인지 아니면 홈미팅이나 사업설명에 초대할 것인지를 결정하는 것이 좋은데 처음부터 바로 사업설명으로 초대하는 것은 불편한 상황을 초래할 수도 있다는 점을 유의해야 한다.

● 명단의 확장

명단은 한 번 작성하고 끝나는 것이 아니라 주기적으로 계속해서 작성하는 것이다.
사업에 대한 확신이 커지고 열정이 커짐에 따라 처음에는 생각하지 못했던 명단이 떠오르기 때문이다.
사업설명을 듣고 사업에 관심은 있으나 지금은 사업을 하기 어렵다고 거절한 사람들이나 제품을 소비만 하는 소비자들로부터 소개를 받는 2차 명단이 중요하다. 누구나 아는 사람이 무제한으로 많지는 않기 때문이다. 또 성공스토리 동영상이나 음원을 들으며 새로운 명단이 떠오를 수도 있다.

이 과정에서는 특히 처음에는 생각하지 못했던 '나보다 나은 사람'의 명단이 집중적으로 확장될 수 있다. 나보다 나은 사람이란 지금 경제상황 등 여러 면에서 사업을 권해도 관심을 두지 않을 것 같은 사람을 말하는데, 보통 이러한 사람일수록 열린 마음으로 늘 기회에 관심을 두는 경향이 강하며, 자신을 찾아온 사람을 위해서라도 기꺼이 시간을 내는 경우가 많다.

지금 현재 내가 말하기 쉬운 사람들 명단만 가지고 있으면 오히려 이러한 사람들이 마음을 닫는 경우가 실제로 많으며 또 긍정적으로 사업에 참여한다 해도 네트워크의 열정과 힘이 점차 나빠질 가능성이 크므로 주의해야 한다. 특히 최근 들어서는 네트워크 마케팅 사업에 대한 사회의 일반적인 인식이 많이 좋아져 고정관념이 별로 없는 20대의 사업 참여가 활발하므로 이들 세대의 명단도 중요하다.

5. 만남과 초대 (Contact and Invite)

● 만남과 초대란?

명단을 작성한 후에 사업설명을 하기 위해 우선 순위에 따라 프로스펙트(예비 사업자 또는 예비고객)와 만날 약속을 잡는 것이다. 단순하게 전화로 보통 만날 약속을 잡는 것으로 편하게 생각하면 된다. 다만 정확한 날짜와 시간 그리고 장소를 정하는 것이 중요하다.

만날 약속을 잡는 것은 사업을 결심한 후에 처음으로 다른 사람을 대상으로 행동하는 것이다. 그것도 스폰서 파트너의 도움을 받을 수 없고 반드시 스스로 해야 하므로 처음에는 늘 해왔던 전화로 약속 잡는것도 쉽지 않은 경우가 많다. 그러나 이것을 사업에 대한 확신이 부족해서 그런 것으로 자책할 필요는 전혀 없다. 그저 처음 하는 일이어서 익숙하지 않기 때문이라고 생각하면 된다.

점차 시간이 지나면서 사업에 대한 확신이 커지고 경험이 쌓이면 약속 잡기가 익숙해져 평소와 같이 편안하게 이루어진다. 초대할 때에는 진실되고 당당한 자세로 해야 한다. 사업에 대해서 정확하게 알면 알수록 좋은 기회를 내가 제공하는 것이므로 저절로 당당한 자세로 초대할 수 있게 될 것이다.

● 초대의 방법

만날 약속을 잡을 때에 가장 중요한 것은 정확한 일시와 장소를 정하는 것이다. 그냥 전화해서 언제 만나자고 약속을 잡으면 실제로 사업설명을 제대로 하기에 적절하지 못한 장소에서 만나게 되어 흐지부지 자리가 끝나게 되어 버릴 수도 있다. 예를 들어 소란스러운 식당에서 만나 술이라도 하게 되면 사업설명은 할 수도 없고 혹 무리해서 한다 해도 중요한 사업으로 보이지 않을 것이기 때문에 원하는 결과가 나올 가능성이 매우 낮다.

전화로 초대할 경우에는 그 전에 만나서 충분히 이야기를 끝내고 시간과 장소 정도를 알려주는 것이 좋다. 상대방이 사업을 잘 모르는 상태에서 전화로 길게 사업 설명을 하는 것은 올바른 전화 예절이 아니다. 제대로 알아 보기도 전에 거부하는 것은 상대방이 입장에서 봐도 중요한 기회를 상실하는 것이므로 정확하게 알아 볼 수 있는 기회를 주는 것이 중요하다.
그리고 불필요한 논쟁을 피하기 위해서 "내가 지금 알아보는 중인데 나도 예전에 막연히 알고 있었던 것과는 다른 것 같다. 함께 알아보고 평가해보자." 정도로 이야기하는 것이 좋을 것이다. 내가 좋게 생각한 이유가 되는 단어, 예를 들어 구전광고, 여행, 상속, 연속적인 자산 수입, 시간과 노력의 확대 재생산, 스폰서의 도움 등 가장 인상적인 말 하나쯤은 얘기해 두는 것도 좋다.

홈미팅이나 사업설명 등 공개적인 미팅 참석을 권유할 때에는 사업의 미팅이라는 것을 반드시 미리 알려 두어야 한다. 그냥 만나자고 얼버무려서 미팅에 참석하게 하는 경우에는 오히려 부정적인 생각만 더 키워주는 결과를 낳기 쉽다.

● 전화로 초대하는 방법

① 편안한 마음으로 전화한다. 바쁜 현대인의 생활에서는 오랜만에 전화하는 경우가 많으므로 1~2분 정도는 그 사람에 대한 관심을 보이면서 인사하고 마음을 연다. 초기에 익숙하지 않아 전화가 어려운 경우에는 미리 간단한 대본을 만들어 전화하는 것도 좋은 방법이다.
② 가족(Family)에 대한 얘기로 시작하는 것이 좋다. 특히 전화를 받는 사람의 자녀의 이름이나 특징을 기억하면서 통화하면 훨씬 편안한 분위기에서의 통화가 가능하다.

③ 직업(Occupation)에 대해 얘기한다. 가족에 대한 얘기를 한 후에는 경제적 활동 및 그 상황이 어떤지 얘기한다. 대부분은 비슷한 상황에 있으므로 서로 공감하면서 얘기할 수 있는 주제가 많아진다.
④ 취미(Recreation)에 대해 얘기한다. 다시 좀 더 편안한 주제인 취미, 스포츠나 음악 등의 취미에 대해 가볍게 얘기한다.
⑤ 경제 상황(Money)에 대해 본격적으로 얘기한다. 이 때에 추가적인 수입을 얼마나 원하는지 등의 정보를 알 수 있다. 우리 사업은 기회를 찾는 사람을 찾는(Looking for Lookers) 일임을 기억해서 초대하려는 사람이 Looker인지 아닌지를 이 때에 파악한다. 통화 중에 극히 부정적인 성향을 가지고 있는 사람은 순위를 뒤로 미루어 놓는 것이 좋다. 지금은 때가 아니므로 시간을 낭비할 필요가 없기 때문이다. 이와 함께 전화를 한 목적(Message)인 약속을 잡는 것이다.

● 약속 잡기

약속은 전화를 한 내가 주도하면서 다음과 같이 구체적으로 잡는다.
① 복수의 날짜를 제시하고 그가 정하도록 한다. 이 때에 금주 금요일과 다음주 금요일과 같이 같은 요일은 피하는 것이 좋다. 대부분의 사람들은 주간 단위로 일정이 정해지므로 동일한 요일에는 동일한 일정이 있는 경우가 많다
② 복수로 제시한 날짜에 모두 시간이 안 된다고 하면 다음에 다시

전화한다고 하고 끊는 것이 좋다. 사업적으로 한가한 인상을 주는 것은 좋지 않으며 매달리는 인상을 주는 것도 좋지 않다. 이러한 방식을 Take Away라 한다.

③ 홈미팅에 초대하는 경우에는 바쁜 스폰서 파트너가 나를 도와주기 위해 온다는 것을 미리 알려 둔다. 꼭 참석하도록 권유하고 불참하는 경우에는 다른 사람에게 결례가 될 수 있음을 가볍게 알려 두는 것이다. 또한 사업에 관심을 갖는 경우에는 스폰서 파트너가 도와 준다는 것을 미리 알 수 있게 하는 배려이기도 하다.

이 과정은 단순하게 만날 약속을 잡는 것이다. 관심을 보이거나 물어 보는 경우에도 전화로 사업설명을 하는 것은 피해야 한다. 전화로는 정확하게 사업을 전달할 수 없으며 잠깐의 통화만으로 다 알았다고 생각해서 사업설명을 듣지 않게 될 수 있기 때문이다.

6. 사업설명 (Show the Plan)

초기는 물론 사업을 진행하는 동안 말할 필요도 없이 가장 중요한 과정이다. 사업설명을 STP 즉, Show The Plan이라고 하는 데에서 알 수 있듯이 사업설명은 그 자체로 사업을 하도록 하는 것이 아니고 네트워크 마케팅 사업을 그대로 보여 주는 것이다.

우리 사업은 기본적으로 광고사업임을 기억하면서 사업설명은 마케팅 플랜(Plan)과 함께 제품(Product) 그리고 사업을 하는 사람들(People) 즉, 3P를 같이 보여 주는 것이라는 점에 주목하자.

● 사업설명의 목적

사업설명은 네트워크 마케팅 사업의 참 모습을 보여 주는 것이므로 가장 중요한 목적은 "있는 그대로의 모습을 정확하게 보여 주는 것"(Just Show)이다. 사업설명 과정에서 적극적인 관심을 보이는 경우는 있기는 하지만 그런 경우가 많지는 않으며, 사업을 하도록 후원하는 것은 다음의 Follow-Up 과정에서 이루어지므로 사업설명 단계에서 사업을 결정하도록 설득하는 것이 아니다.

사업설명의 두 번째 목적은 꿈을 생각하고 이 사업을 통해서 그 꿈을 실현하는 것이 가능함을 알게 해주는 것이다. 힘든 현실에 빼앗긴 꿈을 다시 떠올리게 하고 지금까지의 방법으로는 가능성이 거의 없었던 꿈을 실현할 수 있는 가능성을 보게 하는 것은, 네트워크 마케팅 사업에 관심을 갖게 하는 것은 물론 이후 사업을 진행하는 과정에서도 절대적으로 필요한 것이다.

다음으로 아주 중요한 목적은 다음 번 만날 약속을 잡는 것이다. 30분~1시간 정도의 사업설명으로 사업의 참 모습을 모두 보여 주기는 어렵다. 네트워크 마케팅 사업의 참 모습과 사업을 하고 있는 사람들 그리고 성공 가능성을 보여 주기 위해서 사업설명 미팅에 참석하도록 권유한다.

사업을 하기로 결정하는 것은 사업설명 한 번에 되는 것이 아니라 계속적으로 Follow-Up하는 과정에서 이루어지는 것이므로 계속해서 만날 약속을 잡는 것은 아주 중요한 일이다.

● 사업설명의 중요성

네트워크 마케팅 사업을 한다는 것은 사업설명을 하는 것이라 해도 과언이 아니며, 사업설명을 하지 않으면 아무런 일도 일어나지 않기 때문에 사업설명은 매우 중요하다. 그래서 사업설명은 매일 해야 하는 10 core에 포함되어 있는 것이다.

또한 사업설명은 자신의 열정을 유지하고 키우는 가장 강력한 도구다. 네트워크 마케팅 사업은 프로스펙트에게 사업을 전해 주고 사업 파트너들에게 동기 부여하는 것이지만 그보다 우선해서 자기 자신의 성취동기를 자극하고 열정을 키워야 한다. 그런데 사업설명을 할 때에 가장 먼저 그것을 듣는 사람은 자신이기 때문에 사업설명은 자신의 열정을 키우는 가장 강력한 도구가 되기도 한다.

● 목표를 이루기 위한 사업설명의 횟수

사업설명은 주 2~3회 이상 하는 것을 목표로 한다. 매주 2회 씩 하면 1년에 100회의 사업설명을 하게 되는데, 이와 같이 사업설명은 꾸준히 하는 것이 좋다. 같은 100회의 사업설명이라 해도 가능하면 일정 시간에 집중할 때에 사업설명의 에너지가 더욱 극대화 되기 때문이다.

세상은 일반적으로 8:2 법칙을 따른다고 한다. 실제로 10명에게 사업설명을 하면 대체로 2명 정도가 긍정적인 관심을 갖는데 이를 가리켜 Share 10, Sponsor 2라고 한다. 100명에게 사업설명을 하면 대체로 20명이 긍정적인 관심을 갖고 이 중에서 사업을 시작하는 네트워커가 나오는데 100회 이상 충분한 사업설명의 횟수를 확보하는 것이 중요하다.

● 사업설명을 위한 준비

사업설명을 하기 위해서는 중요한 몇 가지 준비가 필요한데, 이 중에서 가장 중요한 것은 물론 사업설명안이다. 사업설명안을 만들기 위해서는 우선 많이 들어야 한다. 사업설명 음원이나 동영상을 여러 개 듣거나 시청 후에 가장 자신에게 알맞은 것을 그대로 받아 적어 보는 것이 좋다. 그리고 1:1 사업설명에 맞도록 분량을 조절하고 점차 미팅이나 책에서 얻은 정보를 더해 조정하면 자신의 사업설명안이 된다.

이제 실제로 사업설명을 하기 위해서 자료를 준비한다. 자료는 제품에 필요한 정보와 같이 사업설명 중에 보여줄 자료와 사업설명을 끝내면서 전해줄 자료로 구분하여 준비한다. 이와 함께 사업에 대한 열정이 매우 중요하다. 열정은 초기 흥분과 같은 것이 아니라 확신에서 우러나오는 진정한 열정을 의미하는 것이므로 사업과 제품에 대한 학습이 필수적이다.

● 사업설명의 구성

1:1 사업설명을 중심으로 사업설명에 포함될 내용은 다음과 같다. 사업설명을 처음 듣는 프로스펙트는 네트워크 마케팅 사업에 대한 막연한 부정적인 인식을 가지고 있는 경우도 있어 사업설명에 장시간 집중하기는 쉽지 않으므로 전체적인 사업설명의 시간은 30~40 분 정도로 하고 1시간을 넘지 않는 것이 좋다.

1) 네트워크 마케팅 사업을 하는 이유
내가 네트워크 마케팅 사업을 하는 이유를 얘기하면서 편안하게 사업설명을 시작한다. 사업설명은 내가 주도하는 자리로써 프로스펙트가 편안한 마음을 갖도록 할 때에 열린 마음으로 사업설명을 듣게 할 수 있다.

처음 이 사업에 대해 가졌던 부정적 인식을 먼저 얘기하면서 제대로 알아본 결과 사업의 매력적인 점을 중심으로 사업을 하는 이유를 이야기해주면 좋다.
"내가 네트워크 마케팅 사업을 하는데…"로 시작하면 보통은 의아해 하거나 호기심이 생겨서 왜 하는지를 묻는 경우가 많다. 그러면 "내가 왜 네트워크 마케팅 사업을 하냐면…"으로 자연스럽게 네트워크 마케팅 사업을 하는 이유를 시작할 수 있다.

편안한 분위기를 조성하기 위해서는 내가 먼저 편안한 마음을 가져야 하며 사업설명을 들을 프로스펙트에 대한 믿음을 갖는 것도 중요하다. 부정적인 대답을 많이 듣다 보면 미리 위축되는 경우도 있을 수 있다. 그러나 항상 초심을 유지하여 프로스펙트가 미래를 준비해야 한다는 마음으로 사업설명을 하는 것이 중요하다.

2) 현실 인식 및 Dream Build Up

우리의 현실을 점검해 가면서 현실 인식을 공유하는 것이다. 우리나라의 경제는 이미 저성장 국면에 들어서 있어 현실이 만만치 않음은 모두 공감할 것이다.

프로스펙트가 직장인이면 이미 정년이 보장되지 않음은 물론 언제든지 전혀 예상하지 못한 때에 원하지 않은 퇴직으로 몰릴 수 있음은 이제 상식이 되었기 때문에 미래를 대비하기 위해 추가적인 수입원을 만들어야 할 필요성은 많은 사람들이 공감하고 있다. 자영업도 이미 한계를 넘어선 상태에 있어 성공의 가능성은 매우 낮아 소자본 창업이 매우 위험하다는 것도 모두 공감하는 바 이다.

세대별로 봐도 20-30대 초반의 젊은 세대들은 사회 초년부터 결혼을 포기할 만큼 어려운 상황에 있음을 인식하고 있으며 40대 중반 이후 또한 퇴직 후 재취업의 기회가 극히 제한적이어서 노후의 계획을 세우기가 어려운 상황에 있다.

특히 최근에는 주부들도 이러한 현실에 대해 매우 잘 인식하고 있다. 그러므로 현실을 점검하면서 현실 인식을 공유하는 것은 어렵지 않은 일이다.

현실 점검에 그치지 말고 반드시 꿈에 대해 얘기하는 것이 좋다. 꿈을 잊고 산지 오래된 성인들이 꿈에 관해 대화를 나누는 것이 처음에는 어색하고 부자연스러운 상황이 될 수도 있다. 그러나 이 과정을 도외시하면 사업을 전달하는 것이 더욱 어려움을 명심해야 한다.

잊고 살았던 꿈을 다시 생각하게 하고(Dream Building) 친구와 같은 사이라면 어린 시절 함께 나누었던 꿈을 다시 떠올리게(Share the Dream) 하는 것도 좋다. 이와 함께 먼 꿈만이 아니라 지금 현실적으로 당장 해결하고 싶은 꿈을 얘기하는 것이 아주 좋은 방법이다.

반드시 기억해야 할 것은 어려운 현실에 대해서는 '나의 얘기'로 하고 꿈을 실현해 가는 '멋진 미래'는 프로스펙트의 얘기로 하는 것이다. 강하게 설득하고 싶어서 프로스펙트의 현실에 대한 얘기를 지나치게 어둡게 하면 반발심이 생겨서 편안한 대화를 어렵게 할 수 있다. 나를 대상으로 하는 현실 인식도 '살기 어려워서 네트워크 마케팅 사업을 한다'는 식으로 너무 어둡게 하기보다 '미래를 추가적으로 대비하기 위해 네트워크 마케팅 사업을 한다'는 식으로 하는 것이 좋다. 사람은 누구나 어두운 것을 좋아하지 않기 때문에 그것이 현실이라도 직접적으로 감정을 건드릴 필요는 없기 때문이다.

3) 사업의 개념

소비에 구전 광고를 더해서 결과적으로 제품이 유통되게 하고 소비자들이 자발적으로 계속해서 제품을 소비하는 네트워크를 만들어서 연속적인 자산 수입을 받게 된다는 개념을 풀어서 설명한다. 이 과정에서는 네트워크의 어떤 회원도 단순히 소비만 하더라도 아무런 손해가 없음을 알려 주고, 또 그래야만 네트워크 마케팅 사업이 실제로 진행될 수 있음을 알려주는 것이 중요하다.

4) 회사 및 제품

네트워크 마케팅이 잘 성립되려면 믿을 만한 회사를 파트너로 해야 한다. 가장 중요한 것은 회사가 제품을 실제로 생산하는 생산회사라야 한다는 것이다. 생산회사이면서 회원 네트워크 외에는 판매 채널이 없어야 구조적으로 회사를 신뢰할 수 있는 것이다. 만일 유통회사를 파트너로 네트워크 마케팅 사업을 전개한다면 회사와 네트워크 회원 모두 유통을 하고 있기 때문에 이해관계가 상충될 수 있다. 생산회사와 파트너십을 맺는 것이 유리하다.

다음 회사가 현재 소비자들이 만족스럽게 구매할 좋은 제품을 생산하고 있고, 그 제품들은 소모성 생활필수품이 주축이 되어 있으므로 계속적인 소비가 가능함을 알려 주는 한편 회사가 활발하게 연구개발에 투자하고 있어 미래에도 계속해서 소비할 수 있는 제품을 생산할 수 있는 회사임을 알려 준다.

또 회사가 재무적으로 충분히 건강하고, 신뢰할 수 있는 철학을 가지고 있음을 강조한다. 이와 함께 우수한 중소기업 제품과 제휴를 통하여 네트워크가 성장하고 있으므로 사업의 성장 가능성이 아주 크다는 것을 알려 준다.

5) 유통과정 및 그 변화
이 과정에서의 핵심은 전통적인 유통 과정에서부터 현대적인 홈쇼핑까지의 유통과정의 변화와 함께 모든 유통과정에 포함돼 있는 광고유통비의 존재와 그것이 회원들이 받는 보너스의 기금이 된다는 것이다.
자연스럽게 프로슈머의 개념을 설명해주면서 소비가 단순한 소비에 그치지 않고 수입을 발생시키는 소비 즉, 투자가 되는 현명한 소비의 개념을 알려 준다.

6) 수익구조
가장 열정적으로 설명해야 할 부분이다.
사업의 핵심적인 부분을 모두 설명할 수 있으므로 프로스펙트가 충분히 이해할 수 있도록 천천히 자세하게 계산해 가면서 설명하는 것이 좋다.
보너스는 공정하게 노력 순으로 계산되어 지급된다는 점과 그렇기 때문에 회원 가입순서와는 관계 없이 수입의 역전이 일어나는 것이 일반적인 현상이라는 것을 알면 막연한 부정적인 인식을 불식시켜줄 수 있다.
나의 구전광고로 네트워크가 성장하고 또 내가 다른 사람(사업 파트너)에게 구전광고를 함으로써 네트워크가 성장하는 데 따라 수입이 증가함을 보여 주는 것이다. 각 단계별로 알맞은 말을 준비해서 설명해 주는데, 이 과정은 계산은 모두 하되 빠른 속도로 진행하는 것이 좋다. 처음 듣는 프로스펙트가 충분히 이해할 수 있는 수준으로 계산을 한다는 것은 현실적으로 어렵기 때문이다. 이 과정에서 사업에 관심을 두기 시작한 프로스펙트는 스폰서 파트너가 사업 파트너를 도와 준다는 것을 자연스럽게 알 수 있다

2차 보너스, 3차 보너스는 네트워크를 옆으로(Width) 넓히던, 깊이로(Depth) 가던, 노력에 따른 보너스가 정당하게 주어지며 안정되고 지속적인 수입이 될 수 있다.
특히 처음부터 사업을 크게 보고 시작한 사람들이 이후로도 더 열정적으로 사업을 진행할 가능성이 크므로 네트워크 마케팅 사업의 크기를 충분히 보여 주는 것이 좋다.

7) 네트워크 마케팅 사업의 비전

인적 네트워크라는 자산을 만듦으로써 안정적인 수입을 얻어 돈으로부터 자유로워질 수 있고, 수입의 특성 때문에 돈을 벌기 위한 일에 시간을 쓰지 않아도 되므로 시간으로부터도 자유로워질 수 있다는 점, 그리고 스폰서와 파트너가 서로 상생(Win-Win Paradigm)하는 사업이므로 노후에도 친구가 많다는 점을 부각한다.

아무리 좋은 일도 자신의 일이어야 의미 있는 것이므로 가장 중요한 비전은 설명을 듣는 프로스펙트 자신이 성공할 수 있다는 점이

다. 회사의 시스템을 따르면 원하는 목표에 좀 더 쉽게 다다를 수 있음을 알려준다.

그리고 처음에 얘기했던 꿈을 다시 상기시켜 주면 네트워크 마케팅 사업이 꿈을 실현시킬 수 있는 일임을 확인할 수 있다.

끝으로 네트워크 마케팅 사업을 함께 하자고 권하고 Big Business로 하기 어려우면 Small Business로도 할 수 있음을 알려준다. 당장 그것도 어렵다 하면 소비자로서 제품을 소비하는 것도 아주 유익한 일임을 알려 준다.

대부분의 프로스펙트는 당장 결정을 하지 못하므로 다음 번 만날 약속을 잡으면서 미팅으로 초대하여 직접 제대로 알아 보기를 권하는 것도 좋은 방법이다. 누구든지 사업을 하려면 시스템에 플러그인 되어 있어야 하므로 시스템을 느낄 수 있는 미팅 참석권유는 매우 중요하다.

사업설명을 할 때에 준비할 점

1. 월간 계획, 적어도 2주 이상 전에 미리 계획하는 것이 좋다.
2. 날짜, 시간과 장소를 미리 계획하여 정한다.
3. 사업설명 전에는 스폰서 파트너와 상담한다.
4. 사업설명은 단순한 사실의 나열에 그치지 않도록 논리적 흐름이 맞는 사업설명안을 만든다.
5. 사업설명 과정에서 소비자를 만들 수 있다. 단 한 번의 사업설명으로 성급하게 결과를 내려는 것은 좋지 않다.

사업설명 시 유의할 사항

1. 부부에게는 동시에 사업 설명하는 것을 원칙으로 한다.
2. 매 번 사업설명 내용과 방식을 바꾸지 말고 시스템대로 동일한 방법으로 한다.
3. 사업자의 자세를 갖춘다. 복장도 비즈니스 캐주얼 이상으로 해야 한다.
4. 여러 사람에게 동시에 사업설명을 하지 않는다.
5. 사업설명은 대화체로 하는 것이 좋다.
6. 전화로 사업 설명하지 않는다.
7. 부정적인 말은 하지 않는다.
8. 홈미팅에 초대하는 경우 동의 없이 초대하지 않는다.
9. 단번에 결과를 내려 하지 말고 여유 있는 자세를 가지고 당장 나타내는 반응에 크게 개의치 않는다.
10. 사업설명이 끝난 직후 책과 음원, 동영상 등 다시 한 번 네트워크 마케팅 사업을 알아 볼 수 있는 자료를 전달하고 작은 제품이라도 하나의 제품을 구매해서 느낄 수 있도록 한다. 나의 한 번의 사업설명보다 제품과 자료가 네트워크 마케팅에 대해 계속해서 생각하도록 하기 때문이다.

● 홈미팅

홈미팅의 장점은 가정에서 사업설명과 제품설명 등을 하는 미팅으로 자연스럽게 주위 사람들에게 자신이 네트워크 마케팅 사업을 한다는 사실을 알릴 수 있으며, 1) 매우 중요한 사업성장의 열쇠가 되며 2) 복제가 이루어지기 가장 좋은 장으로 Depth를 후원하는 효율적인 방법이고 3) 홈미팅을 주재하는 자신이 리더로 성장하는 밑거름이 되는 미팅이다.

사업 초기에는 자신은 프로스펙트를 초대하고 홈미팅을 주재하지만 스폰서 파트너의 도움을 받아 진행하므로 홈미팅은 사업 경력이나 핀에 관계 없이 빨리 시작할수록 좋다. 나아가 가능한 한 빨리 홈미팅에서 자신이 직접 사업설명과 제품 설명을 할 수 있게 되면 네트워크 마케팅 사업에 필요한 리더십을 빨리 함양할 수 있다.

● 홈 미팅의 성공포인트

첫 번째로 강사(발표자)는 이미 네트워크 마케팅에서 성공한 사업자가 좋다. 성공한 사업자라는 소개 하나로 프로스펙터들과 손님들은 강사의 말의 집중 하게 될 것이다.

두 번째 강사(발표자)는 프로스펙터들이 어떻게 하면 네트워크 마케팅에서 성공 할 수 있는지 보여준다. 내가 어떻게 성공을 했고 어떻게 해서 이 자리 까지 올 수 있게 됐는지에 대한 배경 설명을 통해 짧은 시간이지만 꿈을 꾸고 관심과 기대감을 불러 올 수 있기 때문이다.

세 번째 강사(발표자)는 어려운 사람이 아니고 동네 이웃과도 같은 친구라 생각해 달라.

어려운 사람보다 당신의 이웃, 당신의 친구라 생각하면 친근함이 묻어 나온다. 성공한 사람이 네트워크 마케팅을 통해 연봉 몇 억씩 벌고 있는 전문가가 내 친구라니 라는 마음과 프로스펙터들은 그런 당신의 행동 말투로 마음 속에서 당신을 높이 사게 된다.

또한 이런 전문가와 성공한 사업자에게 직접적인 연관과 후원을 받아 사업을 시작할 수 있는 좋은 계기라고 생각 할 수도 있다는 점에서 더욱 좋은 표현과 단어 선택이다.

네 번째 우리 모두 이런 사업을 설명 할 수 있게 되어 굉장히 기쁘다는 감정을 전달해줘야 한다.

"네트워크 마케팅은 복제 사업이며 이 사업을 구축하는데 여러 성공한 사업자들이 함께 했습니다. 저는 이 사업에 완전 몰두하고 있고 이런 사업을 당신들에게 전달과 최고의 기회를 나눌 수 있다는 점에서 매우 기쁩니다." 정도로 말해주면 좋을 것이다.

● 홈 미팅의 준비와 진행 방법 (홈미팅에도 종류가 다양)

① 날짜 선정

스폰서 파트너와의 상담을 통해 적어도 2주 전에 날짜를 선정한다. 프로스펙터들의 일정을 감안해야 하며, 갑자기 일정을 잡아 서두르는 인상을 주는 것은 좋지 않다. 약속을 잡은 후 홈미팅 2~3일 전에는 확인 전화를 한다.

② 2배수 초청

"가능하면 갈게"와 같이 응답한 사람들은 오지 않는 경우가 많다. 그러므로 초대하고 싶은 수의 2배 수 정도를 미리 초대하는 것이 좋다.

③ 자리는 적게 배치

의자는 자리는 초대한 숫자보다 적게 배치한다. 빈 자리가 많이 보이면 참석한 사람들이 괜히 참석한 것이 아닐까 하는 부정적인 생각을 가져 미팅에 집중하지 못할 수 있고 사람들이 가득 차 있는 느낌이 들수록 부정적인 생각 보다 더 좋은 생각을 많이 하게 된다. 사람들이 추가적으로 오거나 늦게 오면 그 때에 자리를 더 꺼내 준다.

④ 화이트 보드 설치

화이트 보드는 장소가 허용하는 한 가장 큰 것을 준비해 입구의 반대편에 설치한다. 늦게 도착한 사람들로 인해 미팅 분위기가 저해될 수 있으며, 먼저 참석한 사람들의 시선이 집중되면 늦게 도착한 사람들이 입장하지 못할 수도 있기 때문이다.

⑤ 주변 정리

아이나 애완동물이 미팅의 진행에 지장을 주지 않도록 미리 정리하고 미팅 중에 전화 벨이 울리지 않도록 조치해 두어야 한다. 또 사람들이 잘 보이는 곳에 사용 중인 제품을 자연스럽게 배치해 두면, 일찍 온 사람들이 제품을 보고 호기심을 가질 수 있어 편하게 대화를 시작하는 데 도움이 된다.

⑥ 복장

다양한 성향의 여러 프로스펙트를 초대한 만큼 일반적이고 단정한 복장이 좋다.

⑦ 강사에게 정보 제공

초대한 프로스펙트에 대해 이름, 나이, 직업 등의 간단한 신상 명세를 미리 제공하면, 강사가 강의의 초점을 맞추는 데 도움이 된다.

⑧ 사업설명보다 이른 시각에 초대

사업설명 예정 시각보다 적어도 30분 정도 미리 초대한다. 단 강사는 사업설명 예정 시각에 맞추어 들어가는 것이 좋다.

⑨ 미팅 시작 전

초대한 사람들을 문 앞에서 반갑게 맞이하여 편안한 분위기를 조성하고, 간단한 음료를 제공한다.

강사가 도착하면 강사에 대해 간단하게 소개하고 10분 정도의 가벼운 대화 시간을 갖는다. 미팅을 시작하기 직전인 이 때에 간단한 필기도구 등을 제공한다. 본격적인 미팅의 시작을 알리는 것이다.

⑩ 사회

미팅의 차례를 간단하게 알려 주고 초대한 스폰서 파트너 강사에 대해 소개한다. 이 때에 강사에 대해서는 최대한 예의를 갖춰 소개하되 지나친 극찬은 피한다. 강사가 열정적으로 사업을 진행하는 사람이라는 것을 인식시켜 주는 것은 좋지만 동시에 과도한 칭찬은 저항감을 갖게 할 수 있다.

⑪ 강사의 사업설명 중에

사업설명 중에 미팅을 주재하는 자신은 맨 앞자리에 앉아 열중하여 필기하면서 듣는 모습이 중요하다. 미팅에 참석해 있는 사람에게 초점을 맞추어야 한다. 뒤늦게 오고 있는 사람에게 신경 쓰는 인상을 주지 않아야 한다. 지금 참석해 있는 사람들이 중요한 사람이라는 인상을 주어야 한다.

⑫ 강의 종료 후

강의가 끝나면 강사의 신호에 따라 간단한 다과를 내어 놓을 수 있다. 이것을 Cover Dish라고 하는데 간단한 수준이어야 한다. 이 때에는 사업설명을 들은 프로스펙트들과 대화를 하면서 사업에 대한 관심 여부를 파악하는 것이 중요하다.

⑬ 다음 만날 약속

홈미팅 주관자와 강사는 프로스펙트들의 관심 여부에 따라 집중적으로 Follow-Up할 사람을 선정하여 함께 만날 약속을 잡는 것이 중요하다.

〈 프레젠테이션 도구를 활용한 사업설명 〉

파워포인트와 같은 프레젠테이션 도구를 활용하여 사업설명을 하는 것이 일반화돼 있는데 많은 정보를 전달할 수 있는 아주 유용한 방법이다. 다음과 같은 점을 유의하면 더욱 효과적으로 활용할 수 있다.

사업설명장의 조명을 너무 어둡게 하지 않는다.

프로젝터를 쓰기 위해서 장내 분위기를 너무 어둡게 하면 사업설명에 집중하기 보다 졸린 환경을 제공할 수도 있으므로 너무 어둡게 하지 않는 것이 좋다. 최근의 프로젝터는 성능이 좋아 어둡게 하지 않아도 선명하게 볼 수 있다.

강사와 프로스펙트 간 소통을 중요시한다.

자료를 작성하다 보면 슬라이드를 화려하게 장식하려는 욕구가 생기기 마련이다. 그러나 지나치게 화면을 화려하고 복잡하게 작성하면 청중들이 화면의 화려함에 집중해 강사와의 소통이 어려울 수 있다. 네트워크 마케팅 사업이 Human Touch 사업임을 생각하면 화려한 동영상 등을 복잡하게 구성하지 않는 것이 더 낫다는 점을 인식할 수 있다.
또한 찾아온 프로스펙트들의 소통을 중요시하고 밝은 분위기 미팅과 사업의 대한 기대감을 불어넣고, 긍정적인 분위기를 유지하는 것이 좋다.

자료를 계속 보완한다.

숫자로 표시되는 자료는 업데이트해야 하고 특히 도입부의 현실 인식을 공유하는 부분은 시의 적절하게 자료를 보완해야 한다.

7. 지속적인 지원 (Follow Up & Follow Through)

사업설명 후 사업을 시작할 수 있도록 돕는 과정을 Follow-up 이라 하고 사업을 결심한 후에 성공적으로 사업을 진행하도록 지원하는 과정은 Follow-Through라 한다.

● Follow-Up 이란

사업설명을 들은 프로스펙트가 거절을 하거나 긍정도 부정도 아닌 모호한 입장에 있을 때에 결정을 돕는 과정이 Follow-Up 이다.

● Follow-Up의 중요성

사업설명을 듣고 바로 사업을 결심하는 경우는 매우 드물기 때문에 사업을 결정하도록 하는 Follow-Up 과정이 매우 중요하다. 비즈니스도 소비자도 이 과정을 통해 결정되는 것이다.

프로스펙트가 소비만 하겠다고 할 때에 내가 사업을 같이 하도록 하고 싶다면 Follow-up 과정은 계속된다. 즉, 이 과정은 내가 주도하는 것이다. 내가 '주도적'으로 진행한다는 것은 프로스펙트의 생각이나 반응에 대해 단순히 답변만을 하는 것이 아니라 반응을 미리 예상하고 내가 먼저 정리해 주고 결론도 내려주는 것을 의미한다.

보통 10명에게 사업설명을 하면 긍정적인 반응과 부정적인 반응이 각각 2명 정도이며 6명 정도는 중간 입장이다. 즉, 사업설명 후

6명 정도는 Follow-Up에 의해 결정하게 되는 것이다. 그러므로 Follow-Up은 매우 중요한 과정이다.

● Follow-Up의 진행

Follow-Up은 사업설명이 끝나는 즉시 시작되므로 사업설명 후에 자료를 전달하는 것도 이미 이 과정의 시작이라 할 수 있다.
프로스펙트는 사업설명을 듣고 처음에는 대부분이 거절하므로 첫 번째 'No'는 중요하지 않다. 자신의 생각과 관계 없이 단순히 방어적인 입장을 취하는 경우가 많기 때문이다. 또 첫 번째 'Yes'에 대해서도 지나치게 흥분하지 말아야 한다. 실제로 의미 있는 결정은 사업에 대해서 잘 알아 본 후에 내리는 것이기 때문이다.
Follow-up 과정은 사업설명 후 48시간 이내에 다시 만나는 것으로 시작하는 것이 좋다. 어떤 감동이나 호기심도 48시간 정도가 지나면 빠르게 줄어들기 때문이다. 또 네트워크 마케팅 사업을 잘 모르는 주변 사람들에게 사실과 다른 부정적인 얘기를 들을 수도 있으므로 빠른 시간 내에 Follow-Up을 시작해야 한다.

Follow-Up 과정은 네트워크 마케팅 사업을 모르는 프로스펙트에게 사업을 정확하게 알려주고 동기부여하는 것이므로 많은 인내가 필요하며 다음과 같이 진행하는 것이 좋다.

첫째, 네트워크 마케팅 사업에 관심 있는 사람에게 큰 그림(Big Picture)을 소개한다. 그 사람이 사업을 할 것인지를 미리 판단할 필요는 없다.
① 사업의 장점과 실현 가능성을 알려준다. 네트워크 마케팅 사업의 비전과 가치를 알려 주고 이 사업이 꿈을 실현하는 최선책이며 10 core라는 성공의 시스템이 있고 스폰서 파트너가 도와 줄 것이라는 확신을 심어 준다.
② 잘 이해하지 못하면, 무엇을 이해하지 못하는지 구체적으로 물어 보고 해결해 주며, 큰 미팅에 참석해서 정확하게 알아보도록 권유한다.

둘째, 관심은 있으나 선뜻 용기를 내기 못하면 Small Business를 권한다.
① 추가 수입의 장점을 알려주고
② 고정적 고객을 늘리는 방법과 과정을 알려주고 스폰서 파트너가 도와 주는 간단한 홈미팅에 참여하도록 권유하는 것도 좋다.

셋째, 사업에 대해 거절하면 끝으로 소비자가 되도록 권유한다. 이들에게는 제품의 우수성을 강조하고 자신에게 어떤 이익이 되는지를 알려준다.

● Follow-Up의 실제

다음과 같은 사항들이 Follow-Up 과정에서 실제로 이루어지면 좋다.

제품설명

제품에 관해서는 자신의 직접 경험을 중심으로 설명한다.
또 제품의 우수성을 스스로 보고 느낄 수 있는 데몬스트레이션(demonstration)도 좋은 방법이다. 단, 이것이 주가 되면 사업을 '판매'사업으로 오해할 수 있으므로 주의해야 한다.

_자료 전달_

책과 음원, 동영상 자료를 선별해서 프로스펙트에게 단계별로 맞추어 전달한다. Follow-Up 과정도 혼자의 힘으로 진행하는 것이 아니라 시스템과 보조자료를 적절히 활용하는 것이 좋은데, 성공한 사업자의 성취스토리는 대부분의 평범한 사람들에게 자신도 성공적으로 사업을 진행할 수 있는 가능성을 실질적으로 느끼게 할 수 있으므로 책과 음원, 동영상 자료는 아주 좋은 Follow-Up 자료다.

_ 미팅프로모션

모든 미팅의 전체 일정을 보여주면서 각각의 내용을 간단히 소개하고 가능한 한 모든 미팅을 참석해서 알아보도록 권유한다. 각각 자신의 일정에 맞도록 미팅을 선택하므로 내가 먼저 판단해서 선별하는 것은 지양해야 한다.

_ 사업진행 스토리

처음에는 부정적이었던 자신이 어떻게 사업을 결심하게 되었고, 또 어떻게 사업을 진행해 왔는지에 대해 편안하고 쉽게 설명한다. 이와 함께 프로스펙트에게 가상의 명단을 만들어 주면서 간단한 수익구조를 설명해 주면 네트워크 마케팅 사업 자체가 쉽게 시작 할 수 있다는 생각을 하도록 도와줄 것이다.
또 사업설명에 나오는 중요한 개념들을 하나씩 구체적으로 설명해 주는 것도 좋은 방법이다. 처음에는 사업의 비전도 중요하지만 사람을 보고 결정하는 경우가 많으므로 계속적인 신뢰 쌓기도 중요하다

● Follow-Through

사업을 하기로 결정하면 이제 Follow-Up의 과정이 끝나며 성공적으로 사업을 진행할 수 있도록 도와 주어야 하는데 이러한 지속적인 과정을 Follow-Through 과정이라고 한다.
이때에는 동기부여에만 치우치기 보다는 실력 함양이 중요하고 직접 경험이 함께 이루어져야 한다.

● Follow-Through 과정에서 유의점

사업 파트너가 성공적으로 사업을 진행하도록 돕기 위해 먼저 다음의 사항을 유의해야 한다.

① 사업 파트너는 나의 말을 듣기 보다는 행동을 보고 싶어한다는 사실을 명심해야 한다. 내가 먼저 열정적으로 사업을 진행하는 모습을 보여 주는 것이 매우 중요하다.

② 나는 시스템을 만든 사람이 아니라 전달하고 알려 주는 사람이라는 사실을 잊지 말아야 한다. 미팅 참석 계획을 세우면서 사업 파트너가 부담을 가질 것이라 짐작하여 미리 정리해 버리거나, 내 시야 안에서만 사업 파트너의 목표를 생각해 오히려 빠른 성장에 지장을 주는 결과를 초래하지 않도록 해야 한다.

③ 내 뜻대로, 내 계획대로 지시하려 하지 말고 인내를 가지고 성장 과정을 기다려야 한다. 지시(Directship)보다는 우정(Friendship)이 우선이다.

● 초기과정

사업에 대한 확신을 더욱 명확하게 하는 것이 중요하므로 꿈을 구체적으로 가시화 하고 사업과 수입의 개념에 대한 설명을 통해 스스로 목표를 설정할 수 있도록 돕는다.

이와 함께 구체적으로 사업을 시작할 수 있도록

① 사업 보조자료를 갖추도록 하고 사업에 대한 동기를 더욱 강하게 가질 수 있도록 충분한 양의 성공스토리 음원, 동영상 자료를 권하는 동시에 계속해서 미팅에 참석하도록 한다.
② 사업 시작하기에 맞춰 명단을 작성하고 초대하는 방법을 숙지한다.
③ 초기부터 단계별 목표 설정 계획을 세운다.

● 3month 계획

3개월 간의 집중적인 노력이 매우 중요하다. 3개월 정도 꾸준히 사업을 진행하면 어느 정도 습관화되므로 사업을 계속 진행할 가능성이 커진다. 또 3개월 정도의 노력이 집중될 때에 원하는 결과가 비로소 조금씩 나타나기 시작한다.

이 기간 동안 사업에 우선 순위를 두고 꾸준히 진행하지 않으면 습관화되기 어렵고 원하는 결과도 얻기 어렵기 때문에 네트워크 마

케팅 사업이 매우 어려운 일이라고 생각해서 몇 차례의 거절 경험만 안고 사업을 포기하게 되는 경우도 많다. 실제로 시작했다가 떠나는 사람들은 이 시기에 집중된다. 그러므로 초기 3개월은 특히 중요한 기간으로 계속해서 사업을 진행할 수 있도록 잘 도와 주어야 한다. 초기에 조금씩이라도 네트워크의 성장이 눈에 보이는 것도 잊지 말아야 한다. 학습에만 몰두하면 사업에 대한 확신과 흥미를 잃을 가능성이 높다.

매주 1회 정도 홈미팅을 개최하거나 스폰서 홈미팅 참석을 통해 네트워크의 회원 수를 늘려간다. 여의치 않을 경우 스폰서 파트너의 도움을 받는 2:1 미팅을 활용하는 것도 좋은 방법이다. 동시에 매일 10 core를 실천하고 스폰서와 상담시 매번 10 core 일지를 함께 볼 수 있기를 권한다.

이러한 일련의 과정을 거쳐서 스스로 홈미팅을 개최하고 주재할 수 있는 능력을 배양하면 빠른 속도로 사업을 성장시킬 수 있을 것이다. 이 과정에서 다시 한번 생각해야 할 것은 사업을 시작하고도 그만 두는 경우가 많다는 것이다. 그러므로 당장의 결과에 일희일비하지 말고 확신을 가지고 꾸준히 진행하는 것을 잊지 말아야 한다.

8. 사업 키우기 (Creating Volume)

네트워크를 측정하는 기준은 결국 그룹의 볼륨이다. 즉, 소비가 일어나야 한다는 것이다. 볼륨을 창출하는 데에는 여러 가지 방법이 있지만 가장 우선해야 할 것은 자신이 제품에 대해 확실한 믿음을 갖는 것이다. 네트워크 마케팅 사업은 보통의 사업과 달리 자신의 직접 경험을 바탕으로 한 '진실된 광고'를 하는 사업이기에 스스로 제품의 우수성을 확인해야 정말 '좋은 것'을 광고할 수 있다.

사업의 시작은 철저한 품질 확인 과정을 거치는 제품 애용하기부터다. 내가 먼저 애용해야 사업 파트너들도 제품을 애용하며 우수성을 확인하게 된다.
이와 함께 이론적인 학습 즉, 제품 공부에 열중해야 한다. 제품 공부는 스폰서 파트너로부터 또는 제품 설명 미팅을 통해 배운다. 제품에 대한 내용을 숙지하고 나아가 회사의 제품 설명 자료를 반드시 학습해야 한다.

네트워크 마케팅 사업은 직접 경험을 전달하는 광고 사업이므로 내가 애용한 제품이 바로 내 사업의 아이템이다. 그러므로 제품에 대한 지식은 사업의 기본 중의 기본이며 이를 바탕으로 다른 사람들에게 광고·전달 하면서 소비자를 만들어야 한다.

사업설명을 들었으나 회원 가입을 망설이는 경우나 사업 설명을 아예 들으려 하지 않는 경우에 소비자로 만들 수 있고, 또 기존 소비자의 소개를 통해 소비자를 만들 수 있다. 실제로 사업을 진행하면 제품만 이용하겠다는 사람들을 많이 만나게 되는데, 그렇기 때문에 사업설명과 제품설명을 많이 하면 소비자를 만드는 것은 어렵지 않은 일이다.

● 그룹 볼륨의 확대

그룹 볼륨을 키우기 위해서는 그룹 회원의 성향을 먼저 파악하고 그 성향에 따라 도와 주어야 한다. 보통의 사람들은 다음 네 가지 유형으로 분류할 수 있다.

첫째, 제품 소비만 하는 순수 소비자형
이런 사람들에게는 기본적으로 제품 설명은 하지만 동시에 Small Business로도 추가적인 수입을 창출할 수 있다는 것을 알려주어 가능한 소비자를 소개할 수 있도록 한다.

둘째, 제품을 전달하는 데에 몰두하는 판매형
이러한 사람들에게는 네트워크 마케팅 사업의 개념을 정확하게 설명해 주는 것이 필요하다.

셋째, 사업자만 찾으려 사업설명만 하는 유형
이런 사람들에게는 소비가 일어나지 않는 네트워크는 수익을 창출할 수 없다는 것을 알려 주고 소비자가 사업자로 된다는 원리를 설명해 주어야 한다.

넷째, 자신이 제품을 애용하면서 사업설명과 제품설명을 균형 있게 하는 Core
제품의 감동과 이론적인 공부를 병행시키고 사업에 있어서의 중요성과 사업의 전반적인 이해가 필요하다는 것을 강조하고 반드시 홈미팅을 스스로 할 수 있도록 즉, 사업자로서의 학습이 필요하다는 것을 스스로 인식하게 한다.

● 유의할 사항

① 단순 판매원으로 보이지 않도록 해야 한다. 단순 소비자에게도 사업설명이 필요하며 사용한 제품에 대해 다시 철저히 설명해 주면서 제대로 제품을 사용할 수 있도록 해야 한다.
② 초기에는 소비자에게 완전한 서비스를 해주어야 하는데 소비자가 이 사업에 있어서 중요하다는 점을 인식하고, 소비자가 사업자가 될 수 있다는 사실을 생각해서 미리 계획을 가지고 있어야 단순 배달만 하는 것을 피할 수 있다.
③ 제품에 대한 전문적인 지식을 함양하고 소비자를 만날 때에도 다양한 전문적인 사업 보조자료를 활용할 수 있어야 한다.
④ 합리적인 소비를 권해야 한다. 아무리 저렴한 제품이라도 필요 없는 것이라면 낭비하는 것이고, 고가의 제품이라도 꼭 필요한 것이라면 합리적인 소비를 하는 것이다. 내 입장에서가 아니라 소비자 입장에서 필요한 제품이 무엇인지 생각하고 그에 맞는 제품을 권하는 것이 옳은 방법이다.

9. 의사 소통 방법 (Communications)

네트워크 마케팅 사업은 인간 관계 사업이며 대인 관계는 서로간의 소통으로 이루어지므로 의사 소통은 이 사업에서 매우 중요한 위치를 차지한다. 진실성 있는 대화를 기술적으로 잘 할 때에 네트워크의 성장 속도는 그 만큼 빨라질 것이다.

의사 소통에서 가장 중요한 것은 대화다. 대화는 듣고 말하고 하는 것이므로 우선 상대방의 입장이 되어 교감하는 것이 가장 중요하다. 그렇게 하기 위해서는 대화 상대방의 있는 그대로를 바라 봐야 하는데, 그 첫 관문은 경청이다. 경청은 상대의 말을 듣기만 하는 것이 아니라, 상대방이 전달하고자 하는 말의 내용은 물론이며, 그 내면에 깔려있는 동기나 정서에 귀를 기울여 듣고 이해된 바를 상대방에게 피드백(feedback)하여 주는 것을 말한다. 경청하기 위해서는 상대방의 말을 그대로 외거나 적어서 요지를 정리하기 위해 노력하면 큰 도움이 된다.

사업을 통한 만남에서는 잘 들어 주기만해도 프로스펙트는 호감을 갖게 되어 편안한 상태에서 대화가 진행될 수 있으며, 잘 듣는 동안 프로스펙트에 대한 정보를 많이 알게 되므로 그 다음 내가 할 말 즉, 사업 혹은 제품에 대해 얘기해 줄 것을 풍부하게 발견할 수 있게 된다.

사람은 누구나 인정받고 존중 받으며 나아가 칭찬 받는 것을 원하고 좋아한다. 잘 들어 주는 것은 말하는 사람으로 하여금 자신이 존중 받고 있다는 느낌을 갖게 하므로 나에 대해 호감을 갖게 되는 것이다.

대화에 있어서 가장 중요한 기술 중 하나는 또 칭찬이다. '칭찬은 기적을 일으키는 묘약'이라 하고 '칭찬은 고래도 춤을 추게 한다'는 책도 있을 정도다. 칭찬은 그냥 듣기 좋은 말을 하는 것이 아니라 반드시 진실을 담고 있어야 한다. 누구에게나 칭찬할만한 점이 있으므로 대화 중에 그것을 알아내는데 성공해야 진실된 칭찬을 할 수 있다.

또 사람들은 누구나 편안한 분위기를 좋아하고 대화할 때에는 자신과 비슷한 사람을 좋아한다. 분위기가 부드럽고 늘 미소 짓는 사람은 부드러운 분위기의 사람을 좋아하고 좀 딱딱한 분위기의 사람은 정중한 분위기의 사람을 좋아하는 경향이 있다.

정리해보면 사람들은 인정 받기를 좋아하며, 존중 받는다는 느낌을 좋아하고, 자신의 말을 잘 들어 주는 사람을 좋아하며, 칭찬 받는 것을 좋아하고, 편안한 분위기에서 자신과 비슷한 사람을 선호한다.

이러한 원칙을 네트워크 마케팅 사업에 적용해보면,
프로스펙트에게 사업설명을 하는 때에는 편안한 분위기를 조성해서 프로스펙트의 자세나 말의 빠르기 등을 관찰하여 가능하면 비슷한 분위기로 사업설명을 하고 사업설명 후에는 충분히 그 사람의 말을 경청하는 것이 좋겠다.

다수가 참여하는 홈미팅 등에서 사업설명을 하는 데에는 적절한 유머로 분위기를 편안하게 조성하면서 평소보다는 조금 높은 톤과 조금 빠른 속도로 말을 이어가는 것이 좋다.

스폰서 파트너와 사업 파트너간의 의사 소통은 더욱 중요하다.

1. 미소 짓고 인사하고 칭찬하면서 대화하는 원칙을 지키고 늘 경청해야 한다.

2. 대화할 때에는 늘 긍정적인 표현을 사용한다. 예를 들어 '...하지 않으면 안 된다.'와 같은 표현은 부정적인 표현이므로 피하는 것이 좋다.

3. 특히 사업 파트너들에게는 주제에 맞는 정확한 말을 하는 것이 좋다. 주제에 맞게 말을 하기 위해서는 문제점을 인식하고 - 해결책을 찾은 후- 다시 전체적으로 정리/정돈하여 재음미한 후에-행동 플랜을 도출하는 식이다. 사업 파트너와 상담을 하는 경우에는 특히 정확한 행동 플랜을 도출하는 것이 좋다. 단순히 '자세를 고쳐야 한다.'는 식의 이야기는 무엇을 어떻게 해야 할지를 모르기 때문에 더욱 혼란에 빠지게 할 수 있는 것이다.

4. 대화는 칭찬을 원칙으로 하고 지적하고 싶은 것이 있으면 가능한 한 부드럽게 간접적인 대화가 좋다. 특히 두 번 정도 얘기해도 행동에 반영되지 않으면 계속해서 얘기하는 것 보다는 미팅 등에서 본인이 직접 깨달을 때 까지 기다려 주는 것이 좋은 경우가 많다.

5. 충분히 얘기를 듣고 사업 파트너의 입장에서 한 번 생각해 봐야 한다. 자신의 선입견이나 예단으로 얘기하는 것은 금물이다.

   자기 중심의 대화나 부정적인 표현, 주제를 벗어난 장광설, 무안을 주는 말, 경쟁을 유발하는 말, 강요 등은 반드시 피해야 할 대화법이다.

10. 자세와 자기이미지 (Attitude & Self-Image)

미국 하버드 대학교 심리학 교수인 윌리엄 제임스는 '20세기 최고의 가치는 자동차나 컴퓨터의 발명이 아니라, 자세를 바꿈으로써 인생을 바꿀 수 있다는 사실을 발견한 것이다.'라고 했다. 우리 삶은 우리가 대상을 바라보는 자세에 따라 그 대상으로부터 얻는 크기가 결정된다고 한다. 크게 바라보면 크게 얻을 수 있고, 작게 바라보면 작은 것을 얻는 데 그친다는 것이다.

자세는 나의 에너지를 좋은 에너지, 강한 에너지로 만드는 힘이다. 나의 에너지는 끊임 없이 우주의 에너지와 교통하고 때로는 부딪히면서 다시 나에게 영향을 미친다. 네트워크 마케팅 사업은 다른 사업과는 전혀 달리 아주 많은 수의 사람들이 아주 오랫동안 계속 사오는 인간 관계를 맺는 일이기 때문에 엄청난 에너지가 서로 교통하고 상충하기도 하면서 발전한다. 따라서 자세는 네트워크 마케팅 사업에 있어서 매우 중요한 항목이 된다.
네트워크 마케팅 사업에 대한 큰 비전과 믿음과 꿈을 전제로 다음과 같은 자세를 갖추기 위해 노력하는 것이 바람직하다.

● 배우는 자세

네트워크 마케팅 사업은 단 하나의 모습을 가지고 있는 사업이 아니라 사업이 성장하는 단계별로 중점을 두어야 할 부분이 달라지는 다양한 모습을 가지고 있는 사업이므로 연속적인 배움의 과정임을 알아야 한다.

그러나 자신이 가지고 있는 고정관념에 따라 똑같이 배워도 이해도는 다를 수 밖에 없다. 지능이나 재능에 따라서도 다소간의 차이는 있겠지만 실제로 네트워크 마케팅 사업은 대단히 어려운 이론을 공부하는 것이 아니라 오히려 과거의 경험으로는 이해하기 어려운 사업이기 때문에 충분히 가슴으로 느낄 수 있을 만큼 열린 자세를 가지고 있어야 한다.

그러므로 배우는 자세는 겸손한 자세라 말할 수 있다. 언제나 시스템, 스폰서 파트너에게는 물론 사업 파트너에게도 배우는 자세를 유지하고 있어야 사업도 꾸준히 성장할 수 있다.

● 긍정적인 자세

긍정적인 자세 또한 사업을 진행하는 데 있어서 중요한 자세라고 할 수 있다. 긍정적인 자세란 어떤 상황에서도 목표를 지향하면서 긍정적인 결과를 만들어내는 힘이다.

대부분의 사람들은 부정적인 경험으로 부정적 사고에 익숙해져 있어 1:17 비율로 부정적인 사고를 많이 한다고 한다. 우리 걱정의 92%는 실제로 일어나지 않을 일이고, 8%는 어떤 방식으로든 해결 가능하다고 하는데 늘 걱정이 많은 것도 부정적인 자세고, 반면 상황을 확실한 근거 없이 유리하게만 판단하는 '낙관적'인 것도 부정적인 자세다.

진정한 긍정적인 자세는 상황을 가감 없이 정확하게 판단하고 어떤 상황에 처해 있더라도 목표와 결과를 지향하면서 문제에 눈을 두지 않는 자세다. 즉, 순수하게 목표에만 집중하는 것을 긍정적인 자세라 할 수 있다.

● 열정적인 자세

재능 있는 사람이 노력하는 사람을 이길 수 없고 노력하는 사람이 즐기는 사람을 이길 수 없다고 한다. 자신의 일을 기쁜 마음으로 즐기면서 집중하는 것이 열정적인 자세다.

열정은 기쁨과 즐거움에서 나오고 즐거움은 미래의 확신에서 비롯된다. 열정적인 자세가 중요한 첫째 이유는 그것이 진정한 행동을 유발한다는 것이다. '되면 좋지만 힘들겠지' 식의 부정적인 자세와는 거리가 멀고 '어렵긴 하겠지만 한번 해 보자'하는 증정적인 자세는 물론 '나는 할 수 있다'(I Can Do It)를 굳게 믿는 것이 열정적인 자세의 기초다.

열정은 또 전파력이 강해 나 하나에 그치지 않고 나의 그룹 전체로 한 순간에 퍼져나가기 때문에 매우 중요하다. 그러므로 항상 열정을 유지하고 키우기 위해 노력할 때에 진정한 리더가 될 수 있다.

● 당당한 자세

내가 엄청난 유전을 발견해서 그 사업권을 확보하고 친구에게 그 사업을 함께 하자고 얘기했을 때에 그것을 쉽게 믿지 못하는 친구가 거절하면 어떻게 할까? 좋은 기회를 가지고 있는 것은 나이므로 '너 아니어도 할 수 있는데 너와 같이 하고 싶다'는 여유 있는 마음으로 다시 권할 것이다. 이런 것이 바로 당당한 자세다.

사업 초기에 당당함을 갖는 데에 장애가 되는 요인의 대부분은 누군가로부터 네트워크 마케팅 사업에 대해 들은 부정적인 의견이다. 즉, 당당한 자세는 내가 확신을 가지고 있을 때에 가질 수 있는 자세이므로 사업에 대해 또 제품에 대해 면밀히 분석하고 학습하여 정확한 사실을 아는 것이 중요한 것이다.

확신에서 비롯된 당당함을 가지고 있으면 당연히 여유롭고 편한 마음으로 따라서 겸손하게 누구에게나 얘기할 수 있다. 다만, 사업 초기에 좀 불편한 마음이 되는 것은 확신이 없어서가 아니라 단지 경험이 적기 때문인 경우가 많다. 사업을 1~2개월만 꾸준히 진행해도 이런 불편한 마음은 사라지고 당당한 자세를 갖출 수 있게 된다.

● 자기 이미지

사업가로서의 자기 이미지를 관리해야 한다. 우선 외면적으로는 사업가다운 복장과 단정한 외모를 유지하도록 해야 한다. 지나치게 캐주얼 한 복장이나 노출이 심한 복장은 사업에 어울리지 않으므로 주의해야 한다. 외적인 이미지 관리는 상식에 맞게 하는 것이 좋다.

이보다 더욱 중요한 것은 내적 이미지 관리다. 내적인 이미지는 자신만이 아는 것이 아니라 주머니 속의 송곳처럼 가릴 수 없이 드러나는 것이다.

가장 중요한 것은 자신감이다. 자신감은 무언가를 가지고 있어서 생기는 것이 아니라 무엇이든지 할 수 있다는 믿음으로 스스로 만들어야 하는 것이다.

또 스폰서 파트너, 사업 파트너는 물론 주위 사람들에게 신뢰를 줄 수 있어야 한다. 사람들은 초기에는 사업의 플랜도 중요하지만 사람을 보고 결정하는 경우가 많으므로 주위에 신뢰할 만한 사람이라는 이미지를 가지고 있어야 이 사업에 참여시킬 수 있는 기회도 많아진다. 사업 성장의 중요한 요인이라는 것이다.

동시에 스폰서 파트너 및 사업 파트너들에게는 열심히 적극적으로 사업을 진행하는 모습과 항상 탐의 일원이라는 모습을 보여주고 거시적인 안목을 가지고 매사에 노력하는 사업가의 이미지를 갖는 것이 좋다.

네트워크 마케팅 사업을 위한 제언

Network Marketing 가이드북

네트워크 마케팅 사업을 위한 제언

지금까지 우리는 네트워크 마케팅이 어떤 사업이고, 왜(Why) 네트워크 마케팅 사업을 해야 하며 어떻게 사업을 진행해야 하는지 10 core 및 그에 대한 프로세스를 만나봤다.

이 책을 통하여 네트워커가 되어 네트워크 마케팅 사업을 시작하려는 당신에게 도움이 되었으면 한다. 나아가 위 내용을 바탕으로 앞으로 거대한 네트워크를 만드는 성공자가 되길 기원한다.

네트워크 마케팅 사업의 기초는 복제 사업이다.

책에서도 이야기 했지만 우린 꿈을 향하여 나아가야 한다. 꿈이 없다면 목적지가 없는 배와 같다고 비유 했듯이 꿈이 있어야 열정이 있고 꿈이 있어야 사람들은 살아간다.

또한 꿈이 있어야 사업에 박차를 가할 수 있다는 점에서 우리 모두가 잃고 살았던 또한 우리가 잠시 내려뒀던 과거의 꿈 현재의 꿈을 다시 마음속에 불어 넣고 사업에 대한 열정적인 엔진의 연료가 되길 바란다.

그리고 큰 꿈을 가진 사람은 실제로 네트워크 마케팅에서 성공 할 수 있다. 네트워크 마케팅 사업이 그런 것이다. 다만 시간이 걸릴 뿐이다.

네트워크 마케팅 사업은 앞서 이야기 했지만 능력도 학력도 특별한 기술도 필요하지 않은 사업이다. 다양한 사람들이 모이는 곳이 바로 네트워크 마케팅 사업장 이다.

사업을 시작할 때 당신은 회사의 보상 플랜을 분석하고 이 직업과 회사를 조사해보려 할 것이다. 당신이 궁금하고 시작해야 하는 사업이라면 당연하지 않은가?

네트워크 마케팅의 기회는 바로 당신이다. 이 사업은 사람을 만나는 일이고 사람이 필요한 일이다. 단지 회사와 파트너 그리고 스폰서는 당신이 재능을 발휘 할 수 있도록 해주는 매개체 일뿐 그 이상 그 이하도 아니다.

이런 것들을 증명하기 위해서는 당신이 거쳐가야 할 절차가 있다. 우선 당신의 생각이다. 아직도 부정적인 생각으로 가득차 있을 당신이 그렇게 생각하게 하는 머리 속에서 비롯되었다 아니 이게 어떻게 가능하단 말인가? 부터 시작해서 말이다.

실제로 네트워크 마케팅은 성공할 수 있는 사업이다. 합법 다단계 즉, 직접판매공제조합에 등록 되어 있는 다단계 회사는 최신 유통시스템이며 개인의 성장과 라이프스타일을 바꿔줄 수 있는 특별한 보상 그리고 당신의 인생을 바꿔줄 수 있는 매개체임이 분명하고 이러한 것은 시간이 증명해왔다.

사업을 해 본 적도 없는, 다른 많은 사람들이 네트워크 마케팅 회사에서 공급하는 제품들 덕분에 삶의 질이 바뀌고 체중 감소 제품들 덕분에 감량하고, 영양 결핍과 각종 작은 피부병이나 질병에서 벗어나게 해주고 특별한 에너지와 영양소를 축적하고 이런 것들을 누려봤는가?
네트워크 마케팅 사업을 통해 벌어 들인 수입과 시간의 자유로 얼마나 많은 사람들이 발전 했는지 당신은 아직 모를 것이다.

네트워크 마케팅 사업의 제품들은 대부분 품질이 아주 좋다. 유통과정에 들어가는 비용을 전부 제품에 할애하고, 홍보는 네트워크 마케터가 진행하기 때문에 제품에 대한 더 좋은 투자가 이루어 지고 있는 것이다.

이러한 제품들이 자신들의 삶의 질을 향상 시켜주고, 긍정적이며 큰 꿈을 가지게 하고, 그 꿈을 이루기 위한 목표 설정을 하며 이런 꿈을 향해 함께 Win-Win하는 파트너들과 공동체 의식을 발전시킨다면 그들의 삶은 처음 가입했을 때보다 더 나아졌다고 확신 할 수 있을 것이나.

이 책은 네트워크 마케팅으로 성공을 이루고, 개인적으로 성장하고, 경제적으로 부자가 되고, 자신의 건강에도 더 좋은 방향으로 나아갈 수 있도록 방법을 공유 하고자 만든 책임을 다시 한번 알아주길 바란다.

분명한 사실은 네트워크 마케팅 사업에 동참한 사람이 아주 많으며 지금 이 순간에도 수 많은 성공자가 탄생하고 있다는 것이다. 그들은 이 사업을 통하여 시간 및 경제적 자유, 은퇴, 유산 상속의 기회를 누리고 있다. 네트워크 마케팅 사업이 행복한 부자가 되는 지름길이라고 말할 수 있는 이유이다.

100세 시대를 살고 있는 우리는 평생 직장이 아닌 평생 직업을 선택해야 한다. 4차 산업혁명 시대가 몰고 올 기회와 위협에서 우리는 과연 어떤 선택을 해야 할까? 그 해법 중 하나는 불법 다단계가 아닌 기회가 균등하고 소득의 역전이 가능한 정직한 네트워크 마케팅 사업일 것이다.

사업을 하면서 계속 영감을 받을 수 있는 환경을 선택 할 수 있고, 내가 살면서 여러 플랫폼을 경험하고 선택 할 수 있는 것은 당신의 자유이지만, 우리를 멈추게 하는 유일한 장애물 역시 바로 당신 자신이다.
꿈을 위해 도전 하는 사람들이 모이는 곳은 반드시 가치가 있는 곳이다.
감사합니다.